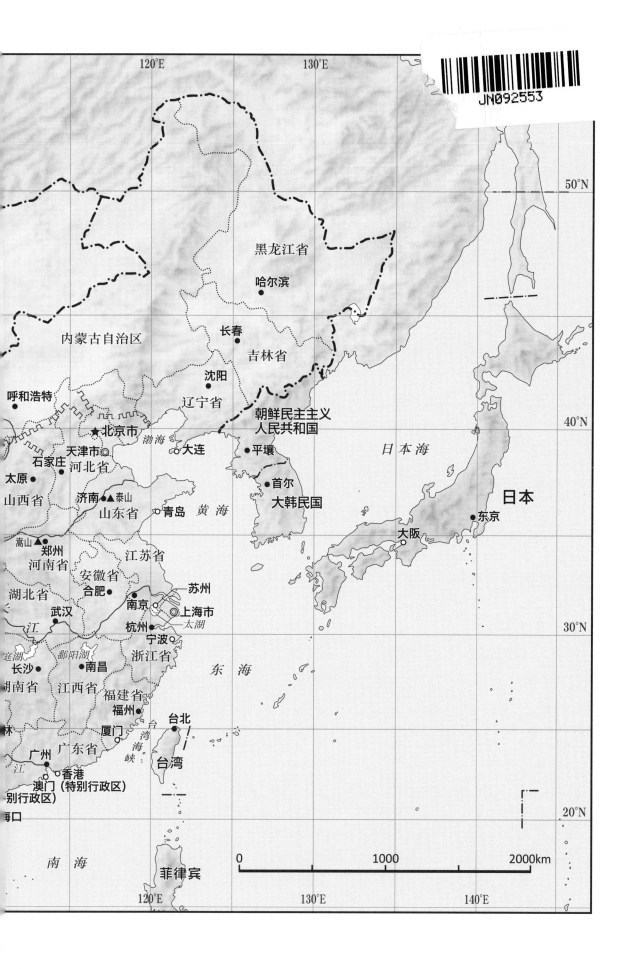

120°E　　　130°E

50°N

黑龙江省

哈尔滨

内蒙古自治区

长春

吉林省

呼和浩特

沈阳

辽宁省

朝鲜民主主义
人民共和国

日本海

40°N

北京市　渤海　大连　平壤

天津市

石家庄　河北省

太原

山西省　济南　▲泰山

山东省　青岛　黄海

首尔

大韩民国

日本

东京

大阪

嵩山

郑州

河南省

江苏省

安徽省

合肥

苏州

湖北省

南京

上海市

武汉

杭州　　太湖

江

宁波

30°N

浙江省

东　海

鄱阳湖

长沙

南昌

湖南省

江西省

福建省

福州

台北

厦门

台
湾
海
峡

台湾

广州　广东省

香港

澳门（特别行政区）

别行政区）

海口

20°N

南　海

菲律宾

0　　　　　1000　　　　2000km

120°E　　　130°E　　　140°E

身につく話せる中国語

―京子とスニの留学生活―

李 青・清水 由香里・髙井 龍

同学社

表紙・イラスト：李文虹

表紙デザイン：アップルボックス

　本書は、初めて中国語を学ぶ学生のために、学習要項を精査して編集しました。

　各課は、会話形式のテキスト、基本的な文法事項、初級レベルの実用単語、話題豊富な文化コラム、実力アップ重視の練習問題で構成され、「読む・書く・聞く・話す」の能力がバランスよく身につくように工夫されています。

　本書には以下のような特徴があります。

1) 「会話文」は、時代に即した多くの新語が盛り込まれ、ストーリー性のある生きた会話となっています。グローバル社会の需要に応えるために繁体字も併記しました。

2) 「文法ポイント」は、簡潔な説明を付し、予習・復習に利用できるようにしました。

3) 「ステップアップ単語帳」は、会話文と文法説明で使われる単語以外で、初級段階に必要と思われる実用単語を選びました。

4) 中国の今を捉え、中国文化の諸相を発信する「文化コラム」を設けました。中国文化への興味を深める一助になるでしょう。

5) 「練習問題」は、従来の出題パターンの他に、音読の強化のためにピンイン表記の短文や、応用力を鍛えるために実情に合わせた会話練習を、用意しました。

6) 巻末の「単語索引」は、課と分野を記し、本書すべての単語を網羅しています。

　本書の単語総数は686語、文法は52項目。短期語学研修の事前授業にも、ぴったりの1冊です。そして、中国語検定試験を目指す学生のために、4級受検に必要な学習内容を提供しています。

　最後になりましたが、素晴らしい表紙と本文のカットを描いてくださった、中国清華大学建築設計研究院の建築家李文虹さんに心より御礼申し上げます。

　本書で中国語を学ぶ皆さんと「共同学习　共同进步」（共に学び、共に上達する）できることを幸いに思います。

2022年　秋

著者一同

目次

はじめに ……………………………………………………………………………………… 1

発音篇 …………………………………………………………………………………………… 2

—本文篇—

第1課 自我介绍（自己紹介） 10

❶ 人称代名詞　　　❷ "是"構文　　　❸ 名前の言い方："姓"と"叫"

❹ "吗"の疑問文　　❺ 省略疑問文"呢"

🔊 文化コラム　普通話、そして華語

第2課 看图识汉字（絵を見て漢字を覚えよう） 14

❶ 動詞述語文　　　❷ 指示代名詞　　　❸ 疑問詞疑問文

❹ 反復疑問文　　　❺ 場所を表す指示代名詞

🔊 文化コラム　呼びかけの言葉

第3課 兴趣爱好（興味と趣味） 18

❶ 動詞の重ね型　　❷ 語気助詞"吧"　　❸ 動詞"喜欢"　　❹ 介詞"对"

◆中国語で年月日・曜日を覚えましょう。

🔊 文化コラム　世界遺産 —敦煌莫高窟—

第4課 打电话（電話をする） 22

❶ 所有を表す"有"　　❷ 形容詞述語文　　❸ 疑問詞"几"と"多少"

❹ 動詞"在"と介詞"在"　　❺ 数字の言い方

🔊 文化コラム　海を渡る中国の人々 ～華僑とそのネットワーク～

第5課 和中国同学熟悉校园（中国人学生とキャンパスを見学する） 26

❶ 連動文　　　❷ 存在を表す"有"　　　❸ 方位詞　　　❹ 経験を表す"过"

🔊 文化コラム　中国の伝統衣装って何？ ～現代の楽しみ方とは～

第6課 用校园卡（IC学生証を使う） 30

❶ 願望を表す助動詞"想"と意志を表す助動詞"要"　　❷ "最好"

❸ 比較表現"比"　　❹ 量詞

🔊 文化コラム　三星堆遺跡

第 **7** 課 🍀 观赏杂技 (雑技を鑑賞する) 34

❶ 介詞"给"　　❷ 完了を表す"了"と変化を表す"了"　　❸ 数量補語　　❹ 時刻

🖊 文化コラム　今を映す鏡 〜中国現代ドラマを見てみよう〜

第 **8** 課 🍀 在餐厅点菜 (レストランで注文する) 38

❶ "打算"　　❷ 値段の言い方　　❸ "除了〜以外"
❹ "A 跟 B 一样"　　❺ 選択疑問文"还是"

🖊 文化コラム　四川料理は辛くなかった？

第 **9** 課 🍀 胡同一日游 (胡同一日観光) 42

❶ 様態補語"得"　　❷ "听说"　　❸ 義務を表す助動詞"要"

🖊 文化コラム　龍の爪を数えてみれば

第 **10** 課 🍀 坐地铁参观奥运场馆 (地下鉄に乗って五輪会場を見学する) 46

❶ "又〜又…"　　❷ "先〜再…"　　❸ 時間の長さ
❹ 副詞"就"　　❺ 禁止を表す"别"

🖊 文化コラム　流行語「躺平」から中国の世相を覗いてみよう

第 **11** 課 🍀 大熊猫太可爱了 (ジャイアントパンダはとても可愛い) 50

❶ 介詞"离"　　❷ 可能を表す助動詞"会""能""可以"
❸ 動作の進行を表す"正在（在／正）〜呢"　　❹ 動作や状態の持続を表す"着"

🖊 文化コラム　十二支

第 **12** 課 🍀 到王洋家作客 (王洋さんの家を訪問する) 54

❶ 介詞"从""到"　　❷ 助詞"的"　　❸ 使役を表す"让"　　❹ "一边〜一边…"

🖊 文化コラム　進むスマート社会

単語索引 ・・ 59

はじめに

中国語とは

　私たちがこれから学ぶ「中国語」は、中国大陸のみならず、香港、マカオ、台湾、シンガポールなどの国と地域で用いられ、世界各地の中国にルーツを持つ人々に話されています。普段、私たちが「中国語」と呼んでいる言語のことを、中国人は"汉语 Hànyǔ"（漢語）といったり、"中文 Zhōngwén"といったりします。中国は56の民族が暮らす多民族国家です。全人口の90％以上を占めるのが漢族です。モンゴル族、チベット族、朝鮮族などの少数民族は独自の言語があります。"汉语"は漢族の言語という意味です。

　"汉语"には非常に多くの方言があり、差異も大きく、異なる地域の人がそれぞれの方言で話すと、意思疎通が難しいと言われています。そこで、北京や北方地域で話されている方言をもとに、全ての地域で普く通じる標準語という意味の"普通话 pǔtōnghuà"が定められました。私たちがこれから学ぶ中国語は、この"普通话"です。

簡体字

　現在、中国では従来の漢字（繁体字）を簡略化した"简体字 jiǎntǐzì"（簡体字）が用いられ、シンガポールやマレーシアでも使われています。日本の漢字とは形が異なるものもあります。香港、マカオ、台湾では、従来の画数の多い"繁体字 fántǐzì"（繁体字）が使われています。

ピンイン

　中国語は漢字で表記されます。しかし、漢字を見ただけでは、どのように発音するのかわかりません。中国語の発音は、アルファベット表記の"拼音 pīnyīn"（ピンイン）で表されます。中国語の発音を学ぶには、まずピンインの正しい発音の仕方を覚えることが大切です。

発音篇

1 中国語の音節構造

中国語は漢字1文字が1音節です。音節は、声母（子音）と韻母（母音）から成り、韻母は、介音・主母音・尾音の三つに分かれます。そして、全体に声調がかぶさります。

想 xiǎng

声母	声調		
	韻母		
	介音	主母音	鼻音
x	i	ǎ	ng

2 声調 🎧 001

中国語には四つの声調があり、「四声（しせい）」と呼ばれます。声調は、音の高低アクセントで、それぞれ第1声、第2声、第3声、第4声といいます。同じ発音でも、声調が異なると、まったく違う意味になります。

第1声　ā　高いところから始めて、そのまま平らにキープして発音する。

第2声　á　真ん中くらいのところから、急激に上昇させる。

第3声　ǎ　低く抑えて発音する。

第4声　à　高いところから低いところへ、急激に下降させる。

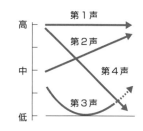

3 軽声 🎧 002

軽声は短く弱く発音される音です。前の音節の声調によって、軽声の高さが変わります。

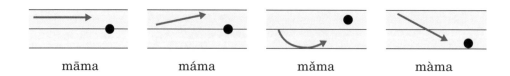

| māma | máma | mǎma | màma |

2

4　単母音　🎧 003

中国語の単母音は基本的に以下の六つと、そり舌母音 er を合わせて七つあります。

a　　　　舌を下げて、口を大きく開けて「アー」と発音する。

o　　　　日本語の「オ」より、唇を丸めて発音する。

e　　　　指一本くらいの隙間を開け、口をやや横に引き、そのまま「オ」と発音する。

i (yi)　　日本語の「イ」より、口を横に引き「イー」と発音する。

u (wu)　唇をすぼめて突き出し、そのまま「ウ」と発音する。

ü (yu)　「u」の口の形で、唇の両端をおさえたまま「イ」と発音する。

※ i, u, ü は、前に子音がつかない時、(　)内のように表記します。

そり舌母音

er　　　　日本語の「ア」を発音して、すぐに舌をそり上げる。

練習問題 ✏️

1. 中国の早口言葉（绕口令 ràokǒuling）を練習しましょう。🎧 004

Mā ma　qí mǎ　mǎ màn　mā ma　mà mǎ
妈妈　骑马　马慢　妈妈　骂马

2. 音声を聞いて、発音された方に○をつけましょう。🎧 005

① ā　à　　　　② ǒ　ó　　　　③ è　ě　　　　④ yí　yī

⑤ wū　wǔ　　　⑥ yù　yú　　　⑦ wū　ō　　　⑧ yī　yū

3. 音声を聞いて、声調記号を(　)に書きましょう。🎧 006

① a (　)　② o (　)　③ e (　)　④ yi (　)

⑤ wu (　)　⑥ yu (　)　⑦ er (　)

5 子音 🎧 007

中国語の子音は全部で21個あります。口の形、舌の位置と息の出し方を意識して発音しましょう。中国語の子音には、「無気音」と「有気音」があります。

無気音：いったん喉を詰めて、息の音がしないようにそっと発音する。

有気音：息の音が聞こえるように、強く発音する。

	無気音	有気音	鼻音	摩擦音	有声音
唇 音 しんおん	b(o)	p(o)	m(o)	f(o)	
舌 尖 音 ぜっせんおん	d(e)	t(e)	n(e)		l(e)
舌 根 音 ぜっこんおん	g(e)	k(e)		h(e)	
舌 面 音 ぜつめんおん	j(i)	q(i)		x(i)	
そり舌音 そりじたおん	zh(i)	ch(i)		sh(i)	r(i)
舌歯音 ぜっしおん	z(i)	c(i)		s(i)	

※子音だけでは声が出ないので、（　）内の母音を添えて発音練習します。

※そり舌音 zh(i) / ch(i) / sh(i) / r(i) は、舌を上あごの前の方までそり上げて発音します。

※舌歯音 z(i) / c(i) / s(i) は、舌先を前歯の裏に当て、口を左右に引いて発音します。

ピンイン表記のルール ❶　〈消える ü の ¨ 〉

・j, q, x の後ろに ü が続く時は、¨ を取ってつづります。

　　jü → ju　　qü → qu　　xüe → xue

練習問題 ✏️

1. 音声を聞いて、発音された方に○をつけましょう。 🎧 008

① pō　bō　　② jí　qí　　③ chī　zhī　　④ tǎ　dǎ

⑤ rì　lì　　⑥ zū　zī　　⑦ fù　hù　　⑧ shí　xí

2. 音声を聞いて、（　）に子音を書き入れましょう。 🎧 009

①（　）ī 七　　②（　）à 大　　③（　）á 爬　　④（　）ě 渇

⑤（　）ī 吃　　⑥（　）à 辣　　⑦（　）ì 四　　⑧（　）è 热

6 複母音 🎧 010

二つ、あるいは三つ連なっている母音です。複母音は、いずれもなめらかに発音します。

ai	ei	ao	ou	
ia(ya)	ie (ye)	ua (wa)	uo(wo)	üe(yue)
iao(yao)	iou(you)	uai(wai)	uei(wei)	

※複母音の e は日本語の「エ」の音に近く発音します。

※i, u, ü で始まる音節は、前に子音がつかない時、（　）内のように表記します。

ピンイン表記のルール ❷ 〈消える o と e 〉

・iou の前に子音がつく時は、真ん中の o の音が弱くなるので -iu と表記します。

　　例）liou → liu　　niou → niu

・uei の前に子音がつく時は、真ん中の e の音が弱くなるので -ui と表記します。

　　例）tuei → tui　　shuei → shui

🐢 **声調記号の付け方**

(1) 母音が一つであれば、その母音の上につける。　　例）mā　bù

(2) 母音が二つ以上あれば、

　　・a があれば、a の上につける。　　例）xià　māo

　　・a がなければ、o か e の上につける。　　例）duō　xuě

　　・i と u が並べば、後ろの方につける。　　例）jiǔ　huí

(3) i の上に声調記号をつける時は、i の点を取ってつける。　　例）nǐ　yí

練習問題 🖋

1. 音声を聞いて、発音された方に○をつけましょう。 🎧 011

① ǎi　ěi　　② āo　ōu　　③ yóu　yáo　　④ yuè　yè

⑤ wǔ　wǒ　　⑥ wéi　wái　　⑦ yū　yōu　　⑧ zǒu　zuǒ

2. 音声を聞いて、（　）に複母音を書き入れ、声調記号も書きましょう。 🎧 012

① b（　）白　　② h（　）好　　③ y（　）月　　④ w（　）我

⑤ p（　）票　　⑥ sh（　）水　　⑦ t（　）贴　　⑧ j（　）酒

7　鼻母音　🎧013

日本語の「ン」の音は、中国語では -n と -ng に発音し分けます。

-n ：音節の最後に舌先を上の歯茎にくっつけ、口をやや横に引いて「ン」。
-ng：舌全体を下げ、舌の根元を口の奥の方に引いたまま「ン」。

an	en	ang	eng	ong
ian (yan)	in(yin)	iang(yang)	ing(ying)	iong(yong)
uan(wan)	uen(wen)	uang(wang)	ueng(weng)	
üan(yuan)	ün(yun)			

※ i, u, ü で始まる音節は、前に子音がつかない時、（　）内のように表記します。

ピンイン表記のルール ③ 〈消える e 〉

・uen の前に子音がつく時は、真ん中の e の音が弱くなるので -un と表記します。
　例）kuen → kun　　suen → sun

練習問題 ✏

1. 音声を聞いて、発音された方に○をつけましょう。🎧014

① shān　shāng　② yún　yuán　③ fèn　fèng　④ xián　xiáng

⑤ chuán　chuáng　⑥ xìn　xìng　⑦ chóng　qióng　⑧ dōng　dēng

2. 音声を聞いて、（　）に鼻母音を書き入れ、声調記号も書きましょう。🎧015

① f(　) 饭　② q(　) 墙　③ m(　) 门　④ y(　) 远

⑤ p(　) 瓶　⑥ k(　) 困　⑦ l(　) 冷　⑧ m(　) 忙

8 声調変化

● 第3声の連続 🎧 016

第3声が連続した場合、前の第3声は第2声に変調します。発音する声調は変わりますが、声調記号はもとの第3声のままで表記します。

```
第3声＋第3声 → 第2声＋第3声
```

你好 nǐ hǎo　　雨傘 yǔsǎn

● "不"の声調変化 🎧 017

否定を表す"不"は本来第4声ですが、後ろに第4声が続く場合のみ第2声に変調します。声調記号は第2声で表記します。

```
"不 bù"＋第4声 → "不 bú"＋第4声
```

bù ＋第1声：不吃 bù chī　　bù ＋第2声：不来 bù lái

bù ＋第3声：不好 bù hǎo　　bù ＋第4声：不去 bù qù → bú qù

● "一"の声調変化 🎧 018

"一"は本来第1声ですが、後ろに第1声、第2声、第3声が続く場合は第4声に変調し、後ろに第4声が続く場合は第2声に変調します。声調記号は変調したものを表記します。ただし、序数や年月日、単語の末尾では第1声のままです。

一天 yī ＋第1声 → yì tiān　　一年 yī ＋第2声 → yì nián

一起 yī ＋第3声 → yìqǐ　　一次 yī ＋第4声 → yí cì

9 隔音符号 🎧 019

a, o, e で始まる音節が、他の音節の後に続く時は、前の音節との区切りをはっきりと示すため、[']をつけます。

西安 Xī'ān　　十二 shí'èr

10 儿化 🎧 020

音節の末尾で舌先をそり上げて発音することを「儿化（アル化）」といいます。ピンインでは「r」をつけて表します。

- 花儿　huār　　　　歌儿　gēr
- 玩儿　wánr　　　　有点儿 yǒudiǎnr （-n の音は脱落する）
- 味儿　wèir　　　　小孩儿 xiǎoháir （-i の音は脱落する）
- 有空儿 yǒu kòngr　信封儿 xìnfēngr （-ng は前の母音を鼻音化する）

練習問題 ✏️

1. 発音してみましょう。🎧 021

① 友好 yǒuhǎo　② 久远 jiǔyuǎn　③ 不行 bù xíng　④ 不会 bú huì

⑤ 一回 yì huí　⑥ 一遍 yí biàn　⑦ 方案 fāng'àn　⑧ 一会儿 yíhuìr

2. 2音節の単語で、声調の組み合わせパターンを練習しましょう。🎧 022

	-1	-2	-3	-4	-0
1-	kāfēi 咖啡	Zhōngguó 中国	Yīngyǔ 英语	yīnyuè 音乐	zhuōzi 桌子
2-	xióngmāo 熊猫	shítáng 食堂	píngguǒ 苹果	xuéxiào 学校	péngyou 朋友
3-	shǒujī 手机	Měiguó 美国	shuǐjiǎo 水饺	shǒutào 手套	wǎnshang 晚上
4-	Sìchuān 四川	dàxué 大学	diànyǐng 电影	jiàoshì 教室	piàoliang 漂亮

3. 中国語で数字を発音してみましょう。🎧 023

yī 一　　èr 二　　sān 三　　sì 四　　wǔ 五

liù 六　　qī 七　　bā 八　　jiǔ 九　　shí 十

よく使う日常表現 🍀 🎧 024

◆いつでも使えるあいさつ	Nǐ hǎo. 你好。こんにちは。	
◆初対面のあいさつ	Chūcì jiànmiàn, qǐng duōduō guānzhào. 初次 见面，请 多多 关照。 はじめまして。どうぞよろしくお願いします。	
	Rènshi nǐ hěn gāoxìng. 认识 你 很 高兴。 お会いできて嬉しいです。	
◆別れのあいさつ	Zàijiàn. 再见。さようなら。	
◆感謝の気持ちを伝える	Xièxie. 谢谢。ありがとう。	Bú kèqi. 不 客气。どういたしまして。
◆謝罪の気持ちを伝える	Duìbuqǐ. 对不起。ごめんなさい。	Méi guānxi. 没 关系。かまいません。
◆相手に勧める時や丁寧に頼む時	Qǐng zuò. 请坐。どうぞおかけください。	Qǐng jìn. 请进。どうぞお入りください。

※「〜してください」は動詞の前に"请"をつける

教室用語 🍀 🎧 025

Tóngxuémen hǎo. 同学们 好。	(学生の皆さん)こんにちは。	Lǎoshī hǎo. 老师好。	先生こんにちは。
Xiànzài kāishǐ shàngkè. 现在开始上课。	今から授業を始めます。	Qǐng dǎkāi dì shísì yè. 请打开第十四页。	14ページを開いてください。
Qǐng gēn wǒ dú. 请跟我读。	私について読んでください。	Zài shuō yí biàn. 再说一遍。	もう一度言ってください。
Hěn hǎo. 很好。	いいですね。	Yìqǐ jiāyóu. 一起加油。	一緒に頑張りましょう。

覚えましょう 🍀 🎧 026

Rìběn 日本 日本	Zhōngguó 中国 中国	Hánguó 韩国 韓国	Měiguó 美国 アメリカ	Yīngguó 英国 イギリス	Fǎguó 法国 フランス

Rìběnrén 日本人 日本人	Zhōngguórén 中国人 中国人	Hánguórén 韩国人 韓国人
Měiguórén 美国人 アメリカ人	Yīngguórén 英国人 イギリス人	Fǎguórén 法国人 フランス人
Rìběncài 日本菜 日本料理	Zhōngguócài 中国菜 中国料理	Hánguócài 韩国菜 韓国料理
Fǎguócài 法国菜 フランス料理	Yìdàlìcài 意大利菜 イタリア料理	

自我介绍
Zìwǒ jièshào

🎧 028

新出単語 🎧 027

自我介绍 zìwǒ jièshào 自己
紹介

京子さんはスニさんと初めて寮で出会う。

Jīngzǐ: Nǐ hǎo! Chūcì jiànmiàn, wǒ shì Rìběnrén.
京子： 你好！ 初次 见面，我 是 日本人。

Wǒ xìng Dàgǔ, jiào Dàgǔ Jīngzǐ.
我 姓 大谷， 叫 大谷 京子。

大谷京子 Dàgǔ Jīngzǐ 固 (人名) 大谷京子

Shùnjī: Nǐ hǎo! Wǒ shì Hánguórén, jiào Jīn Shùnjī.
顺姬： 你好！ 我 是 韩国人， 叫 金 顺姬。

金顺姬 Jīn Shùnjī 固 (人名) キム・スニ

Jīngzǐ: Nǐ yě shì duǎnqī liúxuéshēng ma?
京子： 你 也 是 短期 留学生 吗？

也 yě 副 〜も
短期留学生 duǎnqī liúxuéshēng 短期留学生

Shùnjī: Duì. Wǒ shì gāozhōngshēng. Nǐ ne?
顺姬： 对。 我 是 高中生。 你 呢？

对 duì 形 そのとおり，正しい
高中生 gāozhōngshēng 名 高校生
大学 dàxué 名 大学

Jīngzǐ: Wǒ shì dàxué èr niánjí de xuésheng.
京子： 我 是 大学 二年级 的 学生。

二年级 èr niánjí 二年生
的 de 助 〜の
学生 xuésheng 名 学生

Shùnjī: Wǒmen shì shìyǒu, yìqǐ jiāyóu!
顺姬： 我们 是 室友， 一起 加油！

室友 shìyǒu 名 ルームメイト

Jīngzǐ: Qǐng duōduō guānzhào.
京子： 请 多多 关照。

京子： 你好！初次見面，我是日本人。

我姓大谷，叫大谷京子。

順姫： 你好！我是韓國人，叫金順姫。

京子： 你也是短期留學生嗎？

順姫： 對。我是高中生。你呢？

京子： 我是大學二年級的學生。

順姫： 我們是室友，一起加油！

京子： 請多多關照。

ステップアップ 単語帳 🎧 029

● 親族 ●

yéye 爷爷 （父方の祖父）	nǎinai 奶奶 （父方の祖母）	lǎoye 姥爷 （母方の祖父）	lǎolao 姥姥 （母方の祖母）

bàba 爸爸 （父）	māma 妈妈 （母）	gēge 哥哥 （兄）	jiějie 姐姐 （姉）	dìdi 弟弟 （弟）	mèimei 妹妹 （妹）

文化コラム

普通話、そして華語

　中国では中国語のことを「普通話・漢語・中文」といい、台湾では「華語・国語・中文」といいます。普通話と華語では発音や字体が異なり、語彙と文法にも若干の違いが見られます。発音にそり舌音がなく、繁体字を使用することが、華語の大きな特徴です。1980年代から、台湾や香港など華人文化圏の中国語が、中国に輸入されました。この輸入中国語は、中国の若者の間で流行し、新語となって、今では普通話に定着しています。グローバル化が進展する国際社会の中で、中国は華人社会と人的交流を深めながら、経済発展を推し進めてきました。その中で、中国語と華語もお互いに影響し合いながら、徐々に変化しています。これまで中国では、仕事でも生活でも普通話の習得は不可欠でした。近い将来、普通話と華語、簡体字と繁体字が共存する日がやってくるかもしれません。

1. 人称代名詞 🎧 030

	一人称	二人称	三人称	それ（人以外）	疑問詞
単数	wǒ 我 （私）	nǐ　nín 你・您 （あなた） ※您は丁寧な言い方	tā　　tā 他　　她 （彼）　（彼女）	tā 它 （それ）	shéi(shuí) 谁 （誰）
複数	wǒmen　zánmen 我们・咱们 （私たち） ※咱们は話し手と聞き手 の双方を含む	nǐmen 你们 （あなたたち）	tāmen　　tāmen 他们　　她们 （彼ら）　（彼女ら）	tāmen 它们 （それら）	

2. "是"構文 🎧 031

肯定文： | 主語 ＋ "是" ＋ 名詞 | 「〜は…です」

Wǒ shì liúxuéshēng.
我 是 留学生。　　　　　　　　（私は留学生です。）

Tā shì Měiguórén.
她 是 美国人。　　　　　　　　（彼女はアメリカ人です。）

否定文： | 主語 ＋ "不是" ＋ 名詞 | 「〜は…ではありません」

Wǒ bú shì lǎoshī.
我 不 是 老师。　　　　　　　　（私は先生ではありません。）

Tāmen shì Fǎguórén,　bú shì Yīngguórén.
他们 是 法国人，不 是 英国人。　（彼らはフランス人で、イギリス人ではありません。）

3. 名前の言い方："姓"と"叫" 🎧 032

▶ "姓"の後ろに名字、"叫"の後ろにフルネームを言います。

Wǒ xìng Jīn,　jiào Jīn Shùnjī.
我 姓 金，叫 金顺姬。　　　　　（私は金です。金順姫といいます。）

Nín guì xìng?　Wǒ xìng Lǐ.
您 贵 姓？ 我 姓 李。　　　　　（お名前は何とおっしゃいますか。李と申します。）

※贵 姓 名 …相手の名前を丁寧に聞く言い方

4. "吗"の疑問文 🎧 033

▶ 文末に"吗"を付けます。日本語の「〜か」に相当します。

Nǐ shì Rìběnrén ma?　Shì.
你 是 日本人 吗？ — 是。　　　（あなたは日本人ですか。はい。そうです。）

Tā shì dàxuéshēng ma?　Bú shì.
他 是 大学生 吗？ — 不是。　　（彼は大学生ですか。いいえ。違います。）

5. 省略疑問文"呢" 🎧 034

▶ 名詞・名詞句に"呢"を付けることにより、「〜は？」という疑問を表します。

Nǐ shì Rìběnrén,　Lǐ lǎoshī ne?
你 是 日本人，李 老师 呢？　　（あなたは日本人ですが、李先生は？）

Lǐ lǎoshī shì Zhōngguórén.
李 老师 是 中国人。　　　　　　（李先生は中国人です。）

🎧 035

1 次の文章を漢字に直し、日本語に訳しましょう。さらに、声に出して読んでみましょう。

Wǒ jiào Dàgǔ Jīngzǐ, shì Rìběnrén. Wǒ shì dàxué èr niánjí de xuésheng.
Wǒ de shìyǒu shì Hánguórén. Wǒmen **dōu shì** Hànyǔ duǎnqī liúxuéshēng.

　　　　　　　　　　　　　　　　　　　　　　　　　　dōushì
　　　　　　　　　　　　　　　　　　　　　　＊都是　～はどちらも～です。

....

....

2 適切な語を選び、文章を完成させましょう。

　　　叫　姓　是　不　呢　吗

⑴　我是日本人，你（　　　　）？

⑵　我（　　　　）金，（　　　　）金順姫。

⑶　你（　　　　）是老师，（　　　　）学生。

3 日本語の意味になるように、単語を並べ替えましょう。ただし、一語不要です。

⑴　彼は留学生です。
　　［她　留学生　是　他］　　...

⑵　彼女は学生ではなく、先生です。
　　［她　是　不是　老师　学生　也］　...

⑶　お名前は何とおっしゃいますか。
　　［您　叫　姓　贵］　　...

4 中国語に訳しましょう。

⑴　私は短期留学生です。　　　　　　　　...

⑵　彼はフランス人ではなく、イギリス人です。...

⑶　彼女もルームメートですか。　　　　　...

5 次の質問に、自分のことについて、中国語で答えましょう。

⑴　你是大学生吗？　　　　...

⑵　您贵姓？　　　　　　　...

⑶　她是美国人，你呢？　　...

第 2 课

Kàn tú shí Hànzì
看图识汉字

🎧 037

新出単語 🎧 036

看 kàn 動 見る
图 tú 名 絵
识 shí 動 知る 覚える
汉字 Hànzì 名 漢字

放課後、京子さんとスニさんは宿題をしている。

Jīngzǐ:	Jīntiān wǒmen yìqǐ zuò zuòyè.
京子:	今天 我们 一起 做 作业。

今天 jīntiān 名 今日
一起 yìqǐ 副 一緒に
做 zuò 動 する
作业 zuòyè 名 宿題

Shùnjī:	Jīntiān de zuòyè shì "Kàn tú shí Hànzì".
顺姬:	今天 的 作业 是 "看 图 识 汉字"。

Jīngzǐ:	Zhè shì shénme?
京子:	这 是 什么？

Shùnjī:	Zhè shì shìjiè dìtú.
顺姬:	这 是 世界 地图。

世界地图 shìjiè dìtú 名 世界地图

Jīngzǐ:	Nà shì bu shì píngguǒ?
京子:	那 是 不 是 苹果？

苹果 píngguǒ 名 リンゴ

Shùnjī:	Nà bú shì píngguǒ, shì xiāngjiāo.
顺姬:	那 不 是 苹果，是 香蕉。

香蕉 xiāngjiāo 名 バナナ

Jīngzǐ:	Zhè shì nǎli?
京子:	这 是 哪里？

Shùnjī:	Zhè shì wǒmen de xiàoyuán.
顺姬:	这 是 我们 的 校园。

校园 xiàoyuán 名 キャンパス

京子： 今天 我們 一起 做 作業。

順姫： 今天 的 作業 是 "看 圖 識 漢字"。

京子： 這 是 什麼？

順姫： 這 是 世界 地圖。

京子： 那 是 不是 蘋果？

順姫： 那 不 是 蘋果，是 香蕉。

京子： 這 是 哪裡？

順姫： 這 是 我們 的 校園。

ステップアップ　🎧 038
単語帳

● 果物・野菜 ●

xīguā	bōluó	táozi	pútao	mángguǒ	qiézi	tǔdòu	xīhóngshì	júzi
西瓜	菠萝	桃子	葡萄	芒果	茄子	土豆	西红柿	橘子
（スイカ）	（パイナップル）	（桃）	（ぶどう）	（マンゴー）	（ナス）	（ジャガイモ）	（トマト）	（みかん）

文化コラム

呼びかけの言葉

　中国では、親しい人の名前を呼ぶ時、1字姓の場合は自分と同年代か年下であれば姓の前に "小"（xiǎo）をつけて "小李"（xiǎo Lǐ）、年上であれば "老"（lǎo）をつけて "老李"（lǎoLǐ）のように呼びます。下の名前が1音節の場合はフルネームで呼んだり、2音節の場合はそのまま下の名前だけを呼んだりすることも多いです。

　目上の人に対してや公の場では、姓の後ろに "先生"（xiānsheng）"女士"（nǚshì）"小姐"（xiǎojiě）といった敬称をつけたり、"部长"（bùzhǎng）"经理"（jīnglǐ）"老师"（lǎoshī）のような肩書きをつけたりして呼びます。

　名前を知らない相手に呼びかける時は、若い男性には "小伙子"（xiǎohuǒzi）"小哥"（xiǎogē）、若い女性には "小姑娘"（xiǎogūniang）"小妹"（xiǎomèi）などと言い、年配の男性には "叔叔"（shūshu）、年配の女性には "阿姨"（āyí）のように呼びかけます。

　中国語は、日本語よりも、相手との関係性や使う場面によって呼び方を使い分けます。また、長幼の序を重んじ、相手にふさわしい呼び方で呼びかけることも大切です。

1. 動詞述語文 🎧 039

肯定文： 主語＋動詞（＋目的語）

Wǒ kàn shū.
我 看 书。 　　（私は本を読みます。）　　※书 動…本

否定文： 主語＋"不"＋動詞（＋目的語）

Wǒ bú kàn shū.
我 不 看 书。 　　（私は本を読みません。）

2. 指示代名詞 🎧 040

これ	それ	あれ	どれ
近称		遠称	不定称
zhè　　zhège(zhèige) 这 / 这个		nà　　nàge (nèige) 那 / 那个	nǎ　　nǎge (něige) 哪 / 哪个

＊"这"と"那"は"是"が述語になる時の主語としてのみ使います。

Zhè shì dàxué.
这 是 大学。 　　　　（これは大学です。）

Nà bú shì píngguǒ.
那 不 是 苹果。 　　（あれはリンゴではありません。）

Nǎge shì Zhōngguó dìtú?
哪个 是 中国 地图？ 　　（どれが中国の地図ですか。）

3. 疑問詞疑問文 🎧 041

▶ 質問したい場所に疑問詞を置きます。

Nǐ chī shénme?　　　Wǒ chī chǎofàn.
你 吃 什么？ — 我 吃 炒饭。 　　（あなたは何を食べますか。私はチャーハンを食べます。）

※炒饭 名…チャーハン

Tā shì shéi?　　　Tā shì Dàgǔ Jīngzǐ.
她 是 谁？ — 她 是 大谷 京子。 　　（彼女は誰ですか。彼女は大谷京子さんです。）

4. 反復疑問文 🎧 042

▶ 動詞や形容詞を「肯定形＋否定形」の順に並べる疑問文。

Nǐ hē bu hē chá?　　　Hē.
你 喝 不 喝 茶？ — 喝。 　　（あなたはお茶を飲みますか。飲みます。）　　※茶 名…お茶

Nǐ hē chá bu hē?　　　Bù hē.
你 喝 茶 不 喝？ — 不 喝。 　　（あなたはお茶を飲みますか。飲みません。）

5. 場所を表す指示代名詞 🎧 043

ここ	そこ	あそこ	どこ
近称		遠称	不定称
zhèli　　zhèr 这里 / 这儿		nàli　　nàr 那里 / 那儿	nǎli　　nǎr 哪里 / 哪儿

Zhèli shì fànguǎn.
这里 是 饭馆。 　　（ここはレストランです。）　　※饭馆 名…レストラン

Nàli shì gōngyuán ma?
那里 是 公园 吗？ 　　（あそこは公園ですか。）　　※公园 名…公園

練習問題

 044

1 次の文章を漢字に直し、日本語に訳しましょう。さらに、声に出して読んでみましょう。

Jīngzǐ hé Shùnjī shì **hǎo péngyou**. Tāmen yìqǐ zuò zuòyè. Jīntiān de zuòyè shì liànxí "Kàn tú shí Hànzì".

hǎo péngyou
＊好朋友［名］仲良し

....

....

2 適切な語を選び、文章を完成させましょう。

是　一起　不是　什么

⑴ 我们（　　　　）做作业。

⑵ 那是世界地图（　　　　）？

⑶ 这是（　　　　）？

3 日本語の意味になるように、単語を並べ替えましょう。ただし、一語不要です。

⑴ これはバナナで、リンゴではありません。
［ 这　橘子　香蕉　苹果　不是　是 ］

⑵ 私たちは一緒に漢字を覚えます。
［ 我们　汉字　一起　识　学习 ］

⑶ 彼は誰ですか。
［ 他　她　是　谁 ］

4 中国語に訳しましょう。

⑴ あれはみかんですか。（反復疑問文）

⑵ これは私たちのキャンパスです。

⑶ 私は京子さんと一緒に絵を見て、漢字を覚えます。

....

5 次の絵を見て、質問に答えましょう。

⑴ 这是苹果吗？　⑵ 这是不是香蕉？　⑶ 这是什么？

17

Xìngqù àihào
兴趣爱好

046

新出单語 045

兴趣 xìngqù [名] 興味
爱好 àihào [名] 趣味

スニさんは、大学で知り合った王洋さんを京子さんに紹介する。
やがて三人は打ち解け、興味のあることや趣味について語り合う。

Shùnjī: Jīngzǐ, tā shì wǒ de Zhōngguó péngyou,
顺姬: 京子，他 是 我 的 中国 朋友，

jiào Wáng Yáng.
叫 王洋。

朋友 péngyou [名] 友達

王洋 Wáng Yáng [固]（人名）
王洋

Wáng Yáng: Nǐ hǎo! Wǒ shì dòngmàn zhuānyè sān niánjí
王洋: 你好！ 我 是 动漫 专业 三年级

de xuésheng.
的 学生。

动漫 dòngmàn [名] アニメ
专业 zhuānyè [名] 専攻
三年级 sān niánjí 3 年生

Jīngzǐ: Nǐ hǎo. Rènshi nǐ hěn gāoxìng.
京子: 你好。 认识 你 很 高兴。

Shùnjī: Dàjiā shuōshuo zìjǐ de xìngqù hé àihào ba.
顺姬: 大家 说说 自己 的 兴趣 和 爱好 吧。

大家 dàjiā [名] 皆
说 shuō [動] 話す
自己 zìjǐ [名] 自分
和 hé [接] ～と

Wáng Yáng: Wǒ xǐhuan Rìběn dòngmàn,
王洋: 我 喜欢 日本 动漫，

yě xǐhuan tīng Hánguó yīnyuè.
也 喜欢 听 韩国 音乐。

听 tīng [動] 聞く
音乐 yīnyuè [名] 音楽

Jīngzǐ: Wǒ duì Zhōngguó lìshǐ gǎn xìngqù.
京子: 我 对 中国 历史 感 兴趣。

历史 lìshǐ [名] 歴史
感兴趣 gǎnxìngqù [動]＋[目]
興味がある

Shùnjī: Wǒ xǐhuan kàn Zhōngguó diànyǐng hé diànshìjù.
顺姬: 我 喜欢 看 中国 电影 和 电视剧。

Měitiān dōu zhuījù.
每天 都 追剧。

电影 diànyǐng [名] 映画
电视剧 diànshìjù [名] テレビ
ドラマ
每天 měitiān [名] 毎日
都 dōu [副] みな すべて
追剧 zhuījù [動]＋[目] 連続ドラ
マ等を追いかけるように鑑賞す
る

3

順姫：京子，他 是 我 的 中國 朋友，叫 王洋。

王洋：你好！我 是 動漫 專業 三年級 的 學生。

京子：你好。認識 你 很 高興。

順姫：大家 說說 自己 的 興趣 和 愛好 吧。

王洋：我 喜歡 日本 動漫，也 喜歡 聽 韓國 音樂。

京子：我 對 中國 歷史 感 興趣。

順姫：我 喜歡 看 中國 電影 和 電視劇。每天 都 追劇。

ステップアップ 🎧 047
単語帳

趣味

qù lǚyóu
去旅游
（旅行に行く）

tán gāngqín
弹钢琴
（ピアノを弾く）

tán jítā
弹吉他
（ギターを弾く）

huà huàr
画画儿
（絵を描く）

kàn shū
看书
（本を読む）

wánr yóuxì
玩儿游戏
（ゲームをする）

kàn diànyǐng
看电影
（映画を見る）

文化コラム

世界遺産 ―敦煌莫高窟―

　敦煌は、中国の西北地域に位置しており、古来シルクロードの要衝として、また仏教都市として栄えました。この敦煌には、「莫高窟」と呼ばれる巨大な仏教石窟があり、今から1000年以上前の仏教壁画や仏像が多数残されています。また、1900年には、数万点に及ぶ古文献が発見され、失われた古代史をよみがえらせる資料として、世界の学者を驚嘆させました。日本の作家・井上靖（1907-1991）は、この敦煌の歴史と文献の発見を題材とした小説『敦煌』を書き上げ、その映画とともに、日本人に古代シルクロードへのロマンを掻き立てました。1987年、敦煌莫高窟は、ユネスコの世界遺産に登録されました。今日では世界各地から観光客が訪れています。

1. 動詞の重ね型 🎧 048

▶ 同じ動詞を繰り返して「ちょっと〜する」という意味を表します。

Nǐ tīngting.
你 听听。　　　　　　　　（ちょっと聞いてみてください。）

Nǐ kàn yi kan.
你 看 一 看。　　　　　　（ちょっと見てください。）

Wǒ men xiūxi xiūxi.
我们 休息 休息。　　　　　（ちょっと休憩しましょう。）　　　　※休息 動 …休む

＊1音節の動詞は間に "一" を入れることができます。

2. 語気助詞 "吧" 🎧 049

▶「〜しましょう」「〜でしょう?」という提案や推量の語気を表します。

Zǒu ba!
走 吧!　　　　　　　　　（行きましょう。）

Nǐ shì Zhōngguórén ba?
你 是 中国人 吧?　　　　（あなたは中国人でしょう?)

Duì, wǒ shì Zhōngguórén.
— 对，我 是 中国人。　（はい、私は中国人です。）

3. 動詞 "喜欢" 🎧 050

> "喜欢"（＋動詞)＋名詞 　「〜（するの)が好きである」

Nǐ xǐhuan xiǎoWáng ma?
你 喜欢 小王 吗?　　　　（あなたは王さんのことが好きですか。)　※小王 名 …王さん

Xǐhuan.
— 喜欢。　　　　　　　　（好きです。）

Nǐ xǐhuan tī zúqiú ma?
你 喜欢 踢 足球 吗?　　　（あなたはサッカーをするのが好きですか。)　※踢 動 …蹴る
　　　　　　　　　　　　　　　　　　　　　　　　　　　　　　　※足球 名 …サッカー
Bù xǐhuan tī.
— 不 喜欢 踢。　　　　　　（好きではありません。）

4. 介詞 "对" 🎧 051

> "对"＋人 / モノ＋動詞＋目的語 　「〜に対して」

Nǐ duì shénme gǎn xìngqù?
你 对 什么 感兴趣?　　（あなたは何に興味がありますか。)

Wǒ duì Yīngguó lìshǐ gǎn xìngqù.
— 我 对 英国 历史 感兴趣。　（私はイギリスの歴史に興味があります。）

◆ 中国語で年月日・曜日を覚えましょう。

・「年」　二〇二三年　二〇一八年　一九四九年
　　　　　èr líng'èr sān nián　èr líng yī bā nián　yī jiǔ sì jiǔ nián

・「月」　一月　二月　三月　四月　……　十二月
　　　　　yī yuè　èr yuè　sān yuè　sì yuè　shí'èr yuè

・「日」　一号　二号　……　十号　十一号　……　二十号　二十一号
　　　　　yī hào　èr hào　shí hào　shíyī hào　èrshí hào　èrshiyī hào

・「曜日」　＊"礼拜〜" とも言います。
　　　　　　lǐbài

　星期一　星期二　星期三　星期四　星期五　星期六　星期日（星期天）
　xīngqī yī　xīngqī' èr　xīngqī sān　xīngqī sì　xīngqī wǔ　xīngqī liù　xīngqī rì　xīngqī tiān

 練習問題

🎧 052

1 次の文章を漢字に直し、日本語に訳しましょう。さらに、声に出して読んでみましょう。

Zhōngguó **niánqīngrén** xǐhuan Rìběn dòngmàn, yě xǐhuan tīng Hánguó yīnyuè.
Tāmen duì **línguó** de **dàzhòng wénhuà** hěn gǎn xìngqù.

niánqīngrén　　　 línguó　　　 dàzhòng wénhuà
＊年轻人 名 若者　　邻国 名 隣国　　大众 文化 名 ポップカルチャー

....

....

2 適切な語を選び、文章を完成させましょう。

都　吧　喜欢　对

⑴ 我（　　　　）韩国音乐感兴趣。

⑵ 中国年轻人（　　　　）日本动漫。

⑶ 说说你的兴趣爱好（　　　　）。

3 日本語の意味になるように、単語を並べ替えましょう。ただし、一語不要です。

⑴ お会いできてうれしいです。
　　［ 认识　很　都　你　高兴 ］　　..................................

⑵ 私は漢字が好きです。
　　［ 我　爱好　喜欢　汉字 ］　　..................................

⑶ スニさんは毎日ドラマを追いかけるようにして見ています。
　　［ 顺姬　追剧　每天　都　是 ］　　..................................

4 中国語に訳しましょう。

⑴ 王洋さんは日本のドラマを見るのが好きです。　　..................................

⑵ あなたは中国の歴史に興味がありますか。　　..................................

⑶ あなたはアメリカ人でしょう？ いいえ、私はイギリス人です。

....

5 次の質問に、自分のことについて、中国語で答えましょう。

⑴ 你喜欢学习汉语吗？　　..................................

⑵ 你对日本动漫感兴趣吗？　　..................................

⑶ 说说你的兴趣爱好吧。　　..................................

Dǎ diànhuà
打电话

🎧 054

新出単語 🎧 053

打电话 dǎ diànhuà 動＋目
電話をかける

スニさんは中国語を教えてもらうために王洋さんに電話をする。

Shùnjī: Wèi, nǐ shì Wáng Yáng ma?
顺姬： 喂，你 是 王洋 吗？

喂 wèi 感 もしもし

Wáng Yáng: Shì. Nǐ hǎo. Nǐ yǒu shì ma?
王洋： 是。你 好。你 有 事 吗？

事 shì 名 用事

Shùnjī: Jīntiān shàngkè de nèiróng hěn nán, wǒ hé
顺姬： 今天 上课 的 内容 很难， 我 和

Jīngzǐ yǒu jǐ ge wèntí.
京子 有 几 个 问题。

Xiàwǔ nǐ zài xuéxiào ma?
下午 你 在 学校 吗？

上课 shàngkè 動 授業を受け
る 授業が始まる
内容 nèiróng 名 内容
难 nán 形 難しい
个 ge 量 (広く人やモノを数え
る) 〜個 〜人
问题 wèntí 名 質問 問題

下午 xiàwǔ 名 午後
学校 xuéxiào 名 学校
那 nà 接 それでは
见 jiàn 動 会う
先 xiān 副 まず
去 qù 動 行く
教室 jiàoshì 名 教室

Wáng Yáng: Wǒ zài xuéxiào. Nà xiàwǔ zài jiàoshì jiàn.
王洋： 我 在 学校。那 下午 在 教室 见。

Shùnjī: Jīngzǐ xiān qù jiàoshì.
顺姬： 京子 先 去 教室。

Wáng Yáng: Hǎode. Jīngzǐ de shǒujī hàomǎ shì duōshao?
王洋： 好的。京子 的 手机 号码 是 多少？

好的 hǎode 分かりました
手机号码 shǒujī hàomǎ 名
携帯電話の番号

Shùnjī: Tā de shǒujī hàomǎ shì
顺姬： 她 的 手机 号码 是

yāo sān qī liù jiǔ líng sān wǔ wǔ bā bā.
13769035588。

繁体字 にも慣れよう！

順姫： 喂，你是王洋嗎？

王洋： 是。你好。你有事嗎？

順姫： 今天上課的內容很難，我和京子有幾個問題。

下午你在學校嗎？

王洋： 我在學校。那下午在教室見。

順姫： 京子先去教室。

王洋： 好的。京子的手機號碼是多少？

順姫： 她的手機號碼是13769035588。

ステップアップ 🎧 055
単語帳

学習

bǐjìběn	qiānbǐ	yuánzhūbǐ	xiàngpí	bǐ	bǐdài
笔记本	铅笔	圆珠笔	橡皮	笔	笔袋
（ノート）	（鉛筆）	（ボールペン）	（消しゴム）	（ペン）	（ペンケース）

文化コラム

海を渡る中国の人々 〜華僑とそのネットワーク〜

　長崎や横浜そして神戸の中華街には、中国にルーツを持つ人々が多く暮らしています。こうした故郷・中国を離れて、海外に移住した中国人とその子孫を、「華僑」と呼びます。華僑は、日本だけではなく、東南アジアを中心として、米国やオーストラリアなど全世界に分布し、その総人口は2500万人にのぼります。

　過去800年あまりにわたって、何千万人もの中国人が、新天地を求めて世界各地へと移り住んでいきました。そのときに大きな力を発揮したのが、中国人に特有の強固なネットワークでした。中国の人々は、幾重にも張り巡らされた家族・同郷人・同業者との信頼関係を頼りに海を渡り、現地の華僑社会に溶け込んでいきました。家族や知人との人付き合いを重んじ、進んで助け合う中国の人々の気質は、華僑にも連綿と受け継がれているのです。

1. 所有を表す"有" 🎧 056

| 主語（人）＋"有"＋目的詞 | 「〜は…を持っている」

▶ 否定文は"没有"を使います。

Nǐ yǒu wèntí ma?
你 有 问题 吗?　　（あなたは問題がありますか。）

Wǒ méiyǒu wèntí.
我 没有 问题。　　（問題ありません。）

2. 形容詞述語文 🎧 057

▶ 肯定文の場合、形容詞の前に"很"などの副詞が必要です。

肯定文：| 主語＋"很"＋形容詞 |

Xuéxiào hěn yuǎn.
学校 很 远。　　　　　（学校は遠い。）　　　　※远 形…遠い

否定文：| 主語＋"不"＋形容詞 |

Jīntiān de zuòyè bù duō.
今天 的 作业 不 多。（今日の宿題は多くない。）※多 形…多い

疑問文：| 主語＋形容詞＋"吗"? |

Hànyǔ nán ma?
汉语 难 吗?　　　　　（中国語は難しいですか。）

Hěn nán.
一 很 难。　　　　　　（難しいです。）

3. 疑問詞"几"と"多少" 🎧 058

▶ "几"は 10 以下や一定の限度がある数を尋ねます。"多少"は数の制限がありません。

Jǐ wèi?
几 位?　（何名ですか。）

Duōshao rén?
多少 人?　（何人ですか。）

Nǐ de shēngrì shì jǐ yuè jǐ hào?
你 的 生日 是 几月几号?　（あなたの誕生日は何月何日ですか。）

4. 動詞"在"と介詞"在" 🎧 059

| 人／モノ＋"在"＋場所詞 | 「〜は…にある／いる」

Wǒ zài zhèr.
我 在 这儿。　　　　　　（私はここにいます。）

Nǐ de kèběn zài nǎli?
你 的 课本 在 哪里?　　（あなたの教科書はどこにありますか。）　※课本 名…テキスト

| "在"＋場所詞＋動詞（＋目的語） | 「〜で…する」

Wǒmen zài xuéxiào jiànmiàn ba!
我们 在 学校 见面 吧!　　（学校で会いましょう。）　　　　　　　※见面 動…会う

Wǒmen zài dàxué xué Zhōngwén.
我们 在 大学 学 中文。　　（私たちは大学で中国語を学びます。）　※学 動…学ぶ

5. 数字の言い方 🎧 060

líng	yī	èr	sān	sì	wǔ	liù	qī	bā	jiǔ	shí
零	一	二	三	四	五	六	七	八	九	十

shíyī	shí'èr	shísì		èrshí	èrshiyī		sānshí		jiǔshibā	jiǔshíjiǔ	yībǎi
十一	十二	十四	……	二十	二十一	……	三十	……	九十八	九十九	一百

＊"二十一"や"九十八"のように、他の数字に挟まれた"十"は、軽声で読まれます。

＊電話番号や部屋番号などの数字の"一"は、"yāo"と読みます。

🎧 061

1 次の文章を漢字に直し、日本語に訳しましょう。さらに、声に出して読んでみましょう。

Jīntiān de Hànyǔkè hěn nán, Jīngzǐ hé Shùnjī yǒu jǐ ge wèntí. Wáng Yáng zài jiàoshì **jiāo** tāmen. Tāmen yìqǐ **nǔlì** xué Zhōngwén.

*教 動 教える　努力 形 一生懸命に

....

....

2 適切な語を選び、文章を完成させましょう。

　　　　几　多少　在　不

(1) 他有（　　　　）个问题。

(2) 老师不（　　　　）教室。

(3) 英语（　　　　）难，汉语很难。

3 日本語の意味になるように、単語を並べ替えましょう。ただし、一語不要です。

(1) 彼は学校にいますか。
　　［ 他　在　吗　是　学校 ］

(2) あなたの携帯電話の番号はいくつですか。
　　［ 你　手机号码　是　多少　几　的 ］

(3) 王洋さんは教室で誰を待っていますか。
　　［ 王洋　教室　在　谁　哪里　等 ］

4 中国語に訳しましょう。

(1) 今日の授業は難しいですか。

(2) 京子さんは午後大学にいます。

(3) もしもし、スニさんですか。

5 次の質問に、自分のことについて、中国語で答えましょう。

(1) 汉语难吗？

(2) 今天下午你在学校吗？

(3) 你的手机号码是多少？

Hé Zhōngguó tóngxué shúxi xiàoyuán
和 中国 同学熟悉校园

🎧 063

新出单语 🎧 062

同学 tóngxué 名 同級生　ク
ラスメート
熟悉 shúxi 動 よく知っている

王洋さんは京子さんとスニさんにキャンパスを案内する。

Wáng Yáng: Jīntiān wǒ dài nǐmen shúxi xiàoyuán.
王洋：　今天 我 带 你们 熟悉 校园。

带 dài 動 引き連れる　携帯する
る

Jīngzǐ: Xièxie nǐ. Xuéxiào yǒu yóuyǒngchí ma?
京子：　谢谢 你。学校 有 游泳池 吗？

游泳池 yóuyǒngchí 名 プール

Wáng Yáng: Yǒu. Yóuyǒngchí zài běixiàoqū.
王洋：　有。游泳池 在 北校区。

北校区 běixiàoqū 名 北キャ
ンパス

Shùnjī: Túshūguǎn zài nǎr?
顺姬：　图书馆 在 哪儿？

图书馆 túshūguǎn 名 図書館

Wáng Yáng: Túshūguǎn zài shítáng de hòumian.
王洋：　图书馆 在 食堂 的 后面。

Nǐmen qùguo túshūguǎn ma?
你们 去过 图书馆 吗？

食堂 shítáng 名 食堂

Jīngzǐ: Wǒ qùguo. Shùnjī hái méi qùguo.
京子：　我 去过。顺姬 还 没 去过。

还 hái 副 まだ

Shùnjī: Zhèli shì kāfēitīng ma?
顺姬：　这里 是 咖啡厅 吗？

咖啡厅 kāfēitīng 名 カフェ

Wáng Yáng: Duì! Xiàoyuánli yǒu zhōngshì cháguǎn, yě yǒu
王洋：　对！ 校园里 有 中式 茶馆，也 有

xīshì kāfēitīng.
西式 咖啡厅。

中式 zhōngshì 形 中国式の
中国風の
茶馆 cháguǎn 名 茶館
西式 xīshì 形 洋式の　洋風の

王洋： 今天 我 帶 你們 熟悉 校園。

順姬： 謝謝 你。學校 有 游泳池 嗎？

王洋： 有。游泳池 在 北校區。

順姬： 圖書館 在 哪兒？

王洋： 圖書館 在 食堂 的 後面。你們 去過 圖書館 嗎？

順姬： 我 去過。順姬 還 沒 去過。

順姬： 這裡 是 咖啡廳 嗎？

王洋： 對！ 校園裡 有 中式 茶館，也 有 西式 咖啡廳。

ステップアップ 単語帳 🎧 064

● 都市の名前 ●

Tiānjīn	Guǎngzhōu	Shēnzhèn	Chéngdū	Xiānggǎng
天津	广州	深圳	成都	香港
てんしん	こうしゅう	しんせん	せいと	ほんこん
(天津)	(広州)	(深圳)	(成都)	(香港)

Dōngjīng	Dàbǎn	Nàiliáng	Jīngdū	Běihǎidào
东京	大阪	奈良	京都	北海道
(東京)	(大阪)	(奈良)	(京都)	(北海道)

文化コラム

中国の伝統衣装って何？ 〜現代の楽しみ方とは〜

　襟が高く裾にスリットの入った、いわゆるチャイナドレスは、中国語では "旗袍"(qípáo) といいます。日本では中国女性の伝統衣装として知られていますが、実は満州族の伝統衣装に由来するものです。旗袍の歴史は意外にも浅く、近代に登場してから時代の流れと共に形を少しずつ変えてきました。結婚式やフォーマルな場所で着られることがほとんどですが、近頃は現代風にアレンジしたお洒落なものもあります。一方、最近の "国潮"(guócháo)(中華風トレンド) ブームの影響もあって、中国の若者の間で流行しているのが "汉服"(Hànfú)(漢服) と呼ばれる伝統服です。これは、中国の古典的要素を取り入れたものです。漢服を着て街を歩いたり、写真を撮って SNS に投稿したり、誰でも気軽に着られて、個性的な外出着として人気があります。旗袍と漢服、あなたはどちらを着てみたいですか？

1. 連動文 🎧 065

▶主語が一つで、二つ以上の動詞や動詞句が並んでいる文です。

主語＋動詞1（＋目的語1）＋動詞2（＋目的語2）

Tāmen qù kàn diànyǐng.
他们 去 看 电影。　　（彼らは映画を観に行きます。）

Wǒ dài nǐ qù jiàoshì.
我 带 你 去 教室。　　（私はあなたを連れて教室に行きます。）

＊日本語と語順が異なるので注意。動作行為が行われる順に動詞を並べる。

2. 存在を表す"有" 🎧 066

場所＋"有"＋人／モノ 「～に…がいる／ある」

Wǒmen dàxué yǒu hěn duō liúxuéshēng.
我们 大学 有 很 多 留学生。　（私たちの大学にはたくさんの留学生がいます。）

否定文は"没有"を使います。

Qiánbāoli méiyǒu qián.
钱包里 没有 钱。　　　　（財布にお金がありません。）　※钱包 名 …財布／里 助 …うち、中

3. 方位詞 🎧 067

▶方位詞は名詞の前後に置きます。

	shàng 上	xià 下	qián 前	hòu 后	lǐ 里	wài 外	zuǒ 左	yòu 右	páng 旁
bian 一边	shàngbian 上边	xiàbian 下边	qiánbian 前边	hòubian 后边	lǐbian 里边	wàibian 外边	zuǒbian 左边	yòubian 右边	pángbian 旁边
mian 一面	shàngmian 上面	xiàmian 下面	qiánmian 前面	hòumian 后面	lǐmian 里面	wàimian 外面	zuǒmian 左面	yòumian 右面	

Lǎoshī zài jiàoshìli.
老师 在 教室里。　　　　（先生は教室の中にいます。）

Yóuyǒngchí zài túshūguǎn (de) pángbiān.
游泳池 在 图书馆（的）旁边。　　（プールは図書館のそばにあります。）

Qiánmian de kāfēitīng hěn yǒu rénqì.
前面 的 咖啡厅 很 有 人气。　　（前のカフェは人気があります。）　※人气 名 …人気

4. 経験を表す"过" 🎧 068

動詞＋"过" 「～したことがある」

Tā qùguo Shànghǎi hé Sìchuān.
他 去过 上海 和 四川。　（彼は上海と四川へ行ったことがあります。）　※上海 名 …中国の地名

否定文は動詞の前に"没有"を置きます。

Nǐ chīguo Běijīng kǎoyā ma?
你 吃过 北京烤鸭 吗？　（あなたは北京ダックを食べたことがありますか。）　※北京烤鸭 名 …北京ダック

Wǒ chīguo. Wǒ méiyǒu chīguo.
― 我 吃过。／ 我 没有 吃过。（食べたことがあります。／食べたことがありません。）

🎧 069

① 次の文章を漢字に直し、日本語に訳しましょう。さらに、声に出して読んでみましょう。

Wǒmen de xiàoyuán hěn dà. Xiàoyuánli yǒu **yùndòngchǎng**, yóuyǒngchí, túshūguǎn hé **gèshì gèyàng** de cāntīng. Wǒ xǐhuan wǒmen de xiàoyuán.

^{yùndòngchǎng} ^{gèshìgèyàng}
＊运动场 名 運動場　各式各样 成語 さまざまな、各種各様

....

....

② 適切な語を選び、文章を完成させましょう。

有　在　也　过

⑴ 学校（　　　　）游泳池吗？

⑵ 图书馆（　　　　）食堂的后面。

⑶ 他还没去（　　　　）咖啡厅。

③ 日本語の意味になるように、単語を並べ替えましょう。ただし、一語不要です。

⑴ 私は中国式の茶館に行ったことがあります。
［ 我　去　中式　了　茶馆　过 ］ ....

⑵ 私はあなたたちを連れてキャンパスを案内します。
［ 你们　我　熟悉　带　去　校园 ］ ....

⑶ プールは北キャンパスにあります。
［ 游泳池　有　在　北校区 ］ ....

④ 中国語に訳しましょう。

⑴ 大学に留学生がたくさんいますか。 ....

⑵ 彼は図書館に行ったことがありますが、プールには行ったことがありません。

....

⑶ 中国式の茶館はどこにありますか。 ....

⑤ 次の質問に、自分のことについて、中国語で答えましょう。

⑴ 你们学校有咖啡厅吗？ ....

⑵ 你去过中式茶馆吗？ ....

⑶ 学校图书馆在哪儿？ ....

5

第 6 课

Dì liù kè

Yòng xiàoyuánkǎ
用校园卡

🎧 071

京子さんとスニさんは、食堂でIC学生証を使って食事をする。

Shùnjī: Wǒmen yòng xiàoyuánkǎ qù shítáng chī fàn ba.
顺姬：我们 用 校园卡 去 食堂 吃饭 吧。

Jīngzǐ: Hǎo a. Nǐ xiǎng chī shénme?
京子：好 啊。你 想 吃 什么？

Shùnjī: Wǒ xiǎng chī shíguō bànfàn hé pàocài.
顺姬：我 想 吃 石锅 拌饭 和 泡菜。

Jīngzǐ: Láidào Zhōngguó, wǒ yào chī zhōngcān,
京子：来到 中国，我 要 吃 中餐，

zuìhǎo shì zhōngshì tàocān.
最好 是 中式 套餐。

Zài shítáng
〜在食堂〜

Shùnjī: Wā! Fàncài zhēn fēngfù!
顺姬：哇！饭菜 真 丰富！

Jīngzǐ: Jiàqián bǐ Rìběn piányi. Wǒ yào èr
京子：价钱 比 日本 便宜。我 要 二

liǎng shuǐjiǎo hé yí ge bàn huángguā.
两 水饺 和 一 个 拌黄瓜。

Shítángfúwùyuán: Qǐng yòng xiàoyuánkǎ sǎomǎ fùkuǎn.
食堂服务员：请 用 校园卡 扫码 付款。

Shùnjī hé Jīngzǐ: Hǎode.
顺姬和京子：好的。

新出単語 🎧 070

用 yòng 動 使う

校园卡 xiàoyuánkǎ 名 IC学生証

啊 a 助（文末に置いて肯定の語気を表す）

石锅拌饭 shíguō bànfàn 名 ビビンバ

泡菜 pàocài 名 キムチ

来到 láidào 動 到着する

中餐 zhōngcān 名 中国料理

套餐 tàocān 名 定食 セットメニュー

哇 wā 感（驚きを表す）わあ

饭菜 fàncài 名 ご飯とおかず

真 zhēn 副 本当に

丰富 fēngfù 形 豊富である

价钱 jiàqián 名 値段

便宜 piányi 形 安い

要 yào 要＋名詞 〜がほしい

两 liǎng 量（重量単位を表す）一两 yì liǎng は50グラム 二两 èr liǎng は100グラム

水饺 shuǐjiǎo 名 水餃子

拌黄瓜 bàn huángguā きゅうりの和え物

服务员 fúwùyuán 名 店員 スタッフ

请 qǐng 動 どうぞ〜してください

用 yòng 動 使う

扫码 sǎomǎ 動＋目 QRコードをスキャンする

付款 fùkuǎn 動 支払いをする

6

順姫：我們 用校園卡 去 食堂 吃飯 吧。

京子：好 啊。你 想 吃 什麼？

順姫：我 想 吃 石鍋 拌飯 和 泡菜。

京子：來到 中國，我 要 吃 中餐，最好 是 中式 套餐。

～在食堂～

順姫：哇！飯菜 真 豐富！

京子：價錢 比 日本 便宜。我 要 二 兩 水餃 和 一 個 拌黃瓜。

食堂服務員：請用 校園卡 掃碼 付款。

兩人齊聲説：好的。

ステップアップ 単語帳 🎧 072

● 食べ物・飲み物 ●

chī	miànbāo	miàntiáo	mǐfàn	lāmiàn	shòusī	shēngyúpiàn	mápódòufu	qīngjiāoròusī
吃＋	面包	面条	米饭	拉面	寿司	生鱼片	麻婆豆腐	青椒肉丝

（パン、うどん、ご飯、ラーメン、寿司、刺身、マーボー豆腐、チンジャオロース）を食べる

hē	kěkǒu kělè	píjiǔ	hóngjiǔ	niúnǎi	kuàngquánshuǐ	chéngzhī
喝＋	可口可乐	啤酒	红酒	牛奶	矿泉水	橙汁

（コカコーラ、ビール、ワイン、牛乳、ミネラルウォーター、オレンジジュース）を飲む

文化コラム

三星堆遺跡

　　四川省は、中国の西南に位置しており、古来独自の文化を育んできた地域として知られています。20世紀に入り、この四川省の三星堆鎮から、古代文明の遺物が多数発見されました。縦の目をもつ巨大な青銅の仮面、4メートルに及ぶ青銅の神樹、金の仮面や金の仗など、それらはおよそ 3,000 年前から 5,000 年前のものと考えられています。特に縦の目については、神話や伝説等を記した中国の古典文献『山海経』にも記載があり、多くの人々を惹き付けました。この三星堆文明は、今なお謎が多く、長江流域の他の文明との関わりや中国史における位置づけなども、今後の研究に俟つところが少なくありません。みなさんも、ぜひ一度この三星堆について調べてみて下さい。きっとロマンが掻き立てられますよ。

1. 願望を表す助動詞 "想^{xiǎng}" と意志を表す助動詞 "要^{yào}" 🎧 073

"想 / 要" ＋ 動詞　「〜したい」

Wǒ xiǎng qù Zhōngguó liúxué.
我 想 去 中国 留学。　（私は中国へ留学したい。）　　　※留学 動 …留学する

Nǐ yào chī shénme?
你 要 吃 什么？　　　（あなたは何を食べたいですか。）

Wǒ yào chī xīguā.
— 我 要 吃 西瓜。　　（私はスイカが食べたいです。）

2. "最好^{zuìhǎo}" 🎧 074

▶「〜するのが一番良い」ことを表します。多く提案に用いられます。

Nǐ zuìhǎo měitiān liànxí.
你 最好 每天 练习。　（あなたは毎日練習するのが良いです。）　※练习 動 …練習する

Nǐ zuìhǎo qù wèn lǎoshī.
你 最好 去 问 老师。　（先生に質問に行くのが良いです。）

3. 比較表現 "比^{bǐ}" 🎧 075

肯定文： A ＋ "比" ＋ B ＋ 形容詞（＋ 比べた差）　「A は B より〜だ」

Tā bǐ wǒ gāo.
他 比 我 高。　　　　（彼は私より背が高い。）　　　※高 形 …（背が）高い

Wǒ bǐ jiějie xiǎo sān suì.
我 比 姐姐 小 三 岁。　（私は姉より３歳年下です。）　※岁 名 …年、年齢

否定文： A ＋ "没有" ＋ B ＋ 形容詞　「A は B より（ほど）〜ではない」

Xiāngjiāo bǐ cǎoméi guì ma?
香蕉 比 草莓 贵 吗？　（バナナはイチゴより高いですか。）　※草莓 名 …イチゴ

Xiāngjiāo méiyǒu cǎoméi guì.
— 香蕉 没有 草莓 贵。　（バナナはイチゴより高くありません。）

4. 量詞 🎧 076

▶ 量詞とは "一本" の "本"、"一册" の "册" にあたるものです。名詞の性質によって使い分けます。

数詞＋量詞＋名詞

yí ge rén	liǎng běn shū	sān bǎ sǎn	sì tiáo qúnzi	wǔ zhāng zhǐ
一个人	两本书	三把伞	四条裙子	五张纸
（1人の人）	（2冊の本）	（3本の傘）	（4枚のスカート）	（5枚の紙）

liù bēi kāfēi	qī liàng qìchē	bā jiàn yīfu	jiǔ jiā shāngdiàn	shí tái diànnǎo
六杯咖啡	七辆汽车	八件衣服	九家商店	十台电脑
（6杯のコーヒー）	（7台の車）	（8着の服）	（9軒の店）	（10台のパソコン）

指示代名詞（＋数詞）＋量詞＋名詞

zhè liǎng shuāng wàzi
这 两 双 袜子 （この２足の靴下）　※袜子 名 …靴下

zhè běn shū
这本书 （この本）

nà jiàn yīfu
那件衣服 （あの服）

🎧 077

1 次の文章を漢字に直し、日本語に訳しましょう。さらに、声に出して読んでみましょう。✍️

Wǒ yòng Xiàoyuánkǎ qù shítáng chī fàn, qù kāfēitīng hē kāfēi.

Wǒ xǐhuan chī shítáng de fàncài, yě xǐhuan xiàoyuán **shēnghuó**.

shēnghuó
＊生活 图 生活

6

....

....

2 適切な語を選び、文章を完成させましょう。✍️

用　想　要　比

⑴ 学校食堂的价钱（　　　　　）日本便宜。

⑵ 来到中国，我（　　　　　）吃北京烤鸭。

⑶ 我（　　　　　）一个石锅拌饭。

3 日本語の意味になるように、単語を並べ替えましょう。ただし、一語不要です。✍️

⑴ IC 学生証で QR コードをスキャンして支払います。
［用　付款　校园卡　扫码　去］

⑵ キュウリの和え物は水餃子ほど値段が高くないです。
［拌黄瓜　水饺　贵　不　没有］

⑶ 中国式のセットが一番良いです。
［最好　套餐　是　中式　很好］

4 中国語に訳しましょう。✍️

⑴ 食堂にキムチもありますよ。

⑵ 日本の物価は中国の物価より高いです。

⑶ あなたは何が食べたいですか。

5 次の質問に、自分のことについて、中国語で答えましょう。✍️

⑴ 你用校园卡付款吗？

⑵ 来到中国，你想吃什么？

⑶ 中式套餐比石锅拌饭贵吗？

Guānshǎng zájì
观赏杂技

🎧 079

新出单語 🎧 078

观赏 guānshǎng 動 鑑賞する
杂技 zájì 名 雑技

京子さんとスニさんのために、王洋さんは雑技のチケットをネットで予約した。

Wáng Yáng
王洋： Wǒ gěi nǐmen wǎngyuē le liǎng zhāng
我 给 你们 网约 了 两 张

zájì piào.
杂技 票。

网约 wǎngyuē 動 予約する

票 piào 名 チケット

Jīngzǐ
京子： Shì shénme shíhou de?
是 什么 时候 的？

什么 时候 shénme shíhou 代 いつ

Wáng Yáng
王洋： Shì jiǔ yuè èr hào, xīngqī sān wǎnshang
是 9 月 2 号，星期三 晚上

qī diǎn de.
7 点 的。

晚上 wǎnshang 名 夜

Jīngzǐ
京子： Duìbuqǐ, wǒ zhètiān wǎnshang yǒu shì.
对不起，我 这天 晚上 有 事。

天 tiān 量 （日数を数える）日

Wáng Yáng
王洋： Nà zhōumò wǎnshang zěnmeyàng?
那 周末 晚上 怎么样？

周末 zhōumò 名 週末
怎么样 zěnmeyàng 代 どうですか

Jīngzǐ
京子： Méi wèntí.
没问题。

没问题 méi wèntí 大丈夫だ
問題ない

Shùnjī
顺姬： Zhèige zájìtuán shì Zhōngguó zuì yǒumíng de.
这个 杂技团 是 中国 最 有名 的。

杂技团 zájìtuán 名 雑技団
有名 yǒumíng 形 有名である

Wáng Yáng
王洋： Duì. Tāmen de biǎoyǎn fēicháng jīngcǎi.
对。他们 的 表演 非常 精彩。

表演 biǎoyǎn 名 演技 パフォーマンス
非常 fēicháng 副 非常に
精彩 jīngcǎi 形 すばらしい

王洋： 我 給 你們 網約 了 兩 張 雜技 票。

京子： 是 什麼 時候 的？

王洋： 是 9 月 2 號，星期三 晚上 7 點 的。

京子： 對不起，我 這天 晚上 有事。

王洋： 那 週末 晚上 怎麼樣？

京子： 沒問題。

順姬： 這個 雜技團 是 中國 最 有名 的。

王洋： 對。他們 的 表演 非常 精彩。

ステップアップ 単語帳 🎧080

● 時間帯 ●

| zǎoshang
早上
（朝） | shàngwǔ
上午
（午前） | zhōngwǔ
中午
（昼） | xiàwǔ
下午
（午後） | báitiān
白天
（昼間） | bàngwǎn
傍晚
（夕方） | wǎnshang
晚上
（夜） |

文化コラム

今を映す鏡 ～中国現代ドラマを見てみよう～

　　2020年に放送されたドラマ『三十而已』（邦題『30女の思うこと～上海女子物語』）は、中国で大ヒットしました。職業も生活スタイルも異なる30歳の女性3人が、上海でそれぞれの幸せを求めて悩み、奮闘する物語は、多くの中国女性の共感を呼びました。

　　近年の中国では、このように複数の女性が主人公となるドラマが数多く制作され、人気を博しています。そこで描かれている仕事・恋愛・結婚・子育て・友人関係・親子関係・嫁姑関係などは、東アジアに共通する問題で、私たちにも当てはまるところが少なくありません。

　　また、中国現代ドラマは、急速に変化し続ける現代中国を映し出す鏡でもあります。『三十而已』でも、大都会上海の今の様子、ファッションのトレンド、現代的な価値観等が描かれ、今の中国の姿を垣間見ることができるのです。

1. 介詞"给"^{gěi} 🎧 081

▶"给"は動作行為を与える相手を表します。

| "给"＋人＋動詞＋目的語 | 「〜に…する」 |

Wǒ gěi nǐ dǎ diànhuà.
我 给 你 打 电话。　　　（私はあなたに電話します。）

Tā bù gěi wǒ xiě xìn.
他 不 给 我 写 信。　　　（彼は私に手紙を書きません。）

2. 完了を表す"了"^{le} と変化を表す"了"^{le} 🎧 082

▶ 動詞の後ろの"了"は動作の完了・実現を表します。否定文は"没（有）"を使います。

| 動詞＋"了"＋数量詞など＋目的語 |

Nǐmen kàn le zhè běn shū ma?
你们 看 了 这本书 吗?　　（あなたたちはこの本を読みましたか。）

Méi (yǒu) kàn.
一 没 （有） 看。　　　（いいえ、読んでいません。）　＊"了"は消えます。

| 動詞＋目的語＋"了" |

▶ 単純な目的語の場合は、"了"は文末につけます。

Tāmen hē chá le.
他们 喝 茶 了。　　　（彼らはお茶を飲みました。）

▶ 文末に"了"を置き、状況の変化や新しい事態の発生を表します。

Tiān lěng le.
天 冷 了。　　　（寒くなりました。）

Tā shíbā suì le.
他 十八岁 了。　　　（彼は18歳になりました。）

Wǒ de shǒujī méiyǒu le.
我 的 手机 没有 了。　　　（私の携帯電話がなくなりました。）

3. 数量補語 🎧 083

▶ 動作の回数と時間量を表す数量補語は、動詞の後ろに置きます。

| 主語＋動詞＋数量補語（＋目的語） |

Tāmen qùguo sān cì Táiwān.
他们 去过 三 次 台湾。　　（彼らは3回台湾へ行ったことがあります。）　※次 量 …回数を表す

Wǒ kàn le liǎng ge xiǎoshí diànshì.
我 看 了 两 个 小时 电视。　（私は2時間テレビを観ました。）

4. 時刻 🎧 084

yì diǎn 1:00 一点	yì diǎn (líng) wǔ fēn 1:05 一点 （零）五分	liǎngdiǎn yí kè (liǎngdiǎn shí wǔ fēn) 2:15 两 点一刻（两点十五分）	sāndiǎnbàn 3:30 三点半
wǔdiǎnsān kè (wǔdiǎn sì shi wǔ fēn) 5:45 五点三刻（五点四十五分）		chà wǔ fēn qī diǎn (liùdiǎn wǔ shi wǔ fēn) 6:55 差五分七点（六点五十五分）	

Xiànzài jǐ diǎn jǐ fēn?
现在 几点几分?　　　（いま何時何分ですか。）

Xiànzài sān diǎn yí kè.
一 现在 三点一刻。　　　（いま3時15分です。）

1 次の文章を漢字に直し、日本語に訳しましょう。さらに、声に出して読んでみましょう。

Zhōngguó de zájì fēicháng jīngcǎi. Wàiguórén xǐhuan kàn zájì. Wáng Yáng gěi Jīngzǐ hé Shùnjī mǎi le liǎng zhāng zájì piào.

_____

_____

2 適切な語を選び、文章を完成させましょう。

张　本　给　怎么样

(1) 我（　　　　　）妈妈网购了苹果手机。

Píngguǒ shǒujī
※苹果 手机 名 iPhone

(2) 王洋买了两（　　　　　）杂技票。

(3) 周末晚上去看杂技（　　　　　）?

3 日本語の意味になるように、単語を並べ替えましょう。ただし、一語不要です。

(1) いつの雑技ですか。

　［杂技　什么时候　的　是　几点］_____

(2) 私は明日の夜に用事があります。

　［我　晚上　明天　事　在　有］_____

(3) 明日一緒に映画を見に行きませんか。

　［明天　看　吗　电影　怎么样　一起］_____

_____

4 中国語に訳しましょう。

(1) 日曜日は用事がありません。　_____

(2) 彼らのパフォーマンスはたいへん素晴らしいです。　_____

(3) 私はネットで本を1冊予約しました。　_____

5 次の質問に、自分のことについて、中国語で答えましょう。

(1) 你喜欢看电影吗?　_____

(2) 星期天一起去吃饭，怎么样?　_____

(3) 你星期几有中文课?　_____

Zài cāntīng diǎn cài
在餐厅点菜

🎧 087

新出单語 🎧 086

餐厅 cāntīng 名 レストラン

点菜 diǎn cài 動+目 料理を注文する

京子さんとスニさんはレストランで食事をする。

Fúwùyuán: Huānyíng guānglín. Nǐmen dǎsuàn lái diǎn shénme?
服务员：欢迎 光临。你们 打算 来点 什么？

欢迎光临 huānyíng guānglín いらっしゃいませ

来 lái 動 (料理を注文する時に使う) よこす　来させる

Jīngzǐ: Wǒmen xiǎng chī xiǎolóngbāo.
京子：我们 想 吃 小笼包。

点 diǎn 量 少し

小笼包 xiǎolóngbāo 名 ショーロンポー

Yí fèn tàocān duōshao qián?
一 份 套餐 多少钱？

份 fèn 量 (組・セットになったものを数える) 〜セット　〜人前

Fúwùyuán: Liùshiwǔ kuàiqián yí fèn. Qǐng nín sǎo
服务员：六十五 块钱 一 份。请 您 扫

多少钱 duōshao qián いくら

〜块钱 kuàiqián (中国の通貨単位) 〜元

zhuōzishang de èrwéimǎ dìngcān.
桌子上 的 二维码 订餐。

桌子 zhuōzi 名 机

二维码 èrwéimǎ 名 QRコード

订餐 dìngcān 動+目 料理を注文する

Shùnjī: Chúle xiǎolóngbāo yǐwài,
顺姬：除了 小笼包 以外，

wǒ hái xiǎngyào yí ge bābǎozhōu.
我 还 想要 一 个 八宝粥。

想要 xiǎngyào 〜がほしい

八宝粥 bābǎozhōu 名 八宝粥

Jīngzǐ: Wǒ gēn nǐ yíyàng, yě diǎn yí ge bābǎozhōu.
京子：我 跟 你 一样，也 点 一 个 八宝粥。

Fúwùyuán: Nǐmen yòng xiànjīn zhīfù háishi yòng
服务员：你们 用 现金 支付 还是 用

现金 xiànjīn 名 現金

支付 zhīfù 動 支払う

shǒujī zhīfù?
手机 支付？

Jīngzǐ: Wǒmen AA zhì, yòng wēixìn zhīfù.
京子：我们 AA 制，用 微信 支付。

AA制 AAzhì 割り勘にする

微信 Wēixìn 固 (中国の大手IT企業テンセントが開発したメッセンジャーアプリ) WeChat

8

服務員： 歡迎 光臨。你們 打算 來 點 什麼？

京子： 我們 想 吃 小籠包。一 份 套餐 多少錢？

服務員： 六十五 塊錢 一 份。

請 您 掃 桌子上 的 二維碼 訂餐。

順姫： 除了 小籠包 以外，我 還 想要 一 個 八寶粥。

京子： 我 跟 你 一樣，也 點 一 個 八寶粥。

服務員： 你們 用 現金 支付 還是 用 手機 支付？

京子： 我們 AA 制，用 微信 支付。

ステップアップ 🎧088
単語帳

• 衣類 •

shàngyī 上衣 （上着）	chènshān 衬衫 （シャツ）	T xùshān T 恤衫 （T シャツ）	liányīqún 连衣裙 （ワンピース）	yǔróngfú 羽绒服 （ダウンジャケット）
wàzi 袜子 （靴下）	xiézi 鞋子 （靴）	kùzi 裤子 （ズボン）	màozi 帽子 （帽子）	wéijīn 围巾 （スカーフ）

文化コラム

四川料理は辛くなかった？

　麻婆豆腐でおなじみの四川料理は、激辛料理の代表選手。口の中が燃えるように辛い唐辛子が不可欠です。ところがこの四川料理、古くは今のように辛くはなかったようなのです。

　唐辛子は中南米原産で、コロンブスがアメリカ大陸から持ち出すまでは、中国はおろかインドやヨーロッパでも全く未知の香辛料でした。16世紀、スペインやポルトガルの貿易船が世界を駆け巡るようになると、唐辛子もアフリカ・インド・東南アジア各地へと運ばれていきました。

　中国沿岸部に唐辛子が上陸したのは、今から 350 年ほど前のこと。その後 100 年ほどかけて、唐辛子は四川に伝わり、当地の料理本に唐辛子が登場したのは、約150年前と考えられています。四川で唐辛子が盛んに使われるようになったのは、意外に新しいことだったのです。むかしの四川料理はどんな味だったのでしょうか？ 私たちが知る四川料理とはずいぶん違う、山椒や生姜などによる辛味の柔らかいものだったのかもしれません。

1. "打算" 🎧 089

"打算" ＋ 動詞 (＋ 目的語) 「～するつもりである」

Wǒ dǎsuàn qù mǎi dōngxi.
我 打算 去 买 东西。　　(私は買い物に行くつもりです。)

Wǒ bù dǎsuàn xué Fǎyǔ.
我 不 打算 学 法语。　　(私はフランス語を勉強するつもりはありません。)

2. 値段の言い方 🎧 090

話し言葉	块 kuài	毛 máo	分 fēn
書き言葉	元 yuán	角 jiǎo	分 fēn

＊1块 ＝10毛 ＝100分

Zhèige duōshao qián?　　Liù kuài wǔ (máo).
这个 多少 钱？ ― 六 块 五 (毛)。　　(これはいくらですか。6.5元です。)

3. "除了～以外" 🎧 091

除了～ (以外)，… 「～を除いて…」「～の他にも…」

Chúle nǐ yǐwài, dàjiā dōu zhīdào.
除了 你 以外，大家 都 知道。　　(あなたを除いて、みんな知っています。)

Chúle Yīngyǔ, tā hái xuéxí Hànyǔ hé Fǎyǔ.
除了 英语，他 还 学习 汉语 和 法语。　(英語以外に、彼は中国語とフランス語も勉強しています。)

4. "A 跟 B 一样" 🎧 092

A 跟 / 和 B 一样 「AとBは同じである」

Wǒ de shǒujī gēn nǐ de (shǒujī) yíyàng.
我 的 手机 跟 你 的（手机）一样。　(私の携帯電話とあなたの携帯電話は同じです。)

Zhèběnshū gēn nàběn bù yíyàng.
这本书 跟 那本 不 一样。　　(この本とあの本は同じではありません。)

5. 選択疑問文 "还是" 🎧 093

A 还是 B 「AそれともB」

Nǐ shì Rìběnrén háishi Měiguórén?
你 是 日本人 还是 美国人？　　(あなたは日本人ですか、それともアメリカ人ですか。)

Nǐ xǐhuan hē chá háishi hē kāfēi?
你 喜欢 喝 茶 还是 喝 咖啡？　　(あなたはお茶を飲むのが好きですか、
　　　　　　　　　　　　　　　　　 それともコーヒーを飲むのが好きですか。)

Wǒ xǐhuan hē chá.
― 我 喜欢 喝 茶。　　(私はお茶を飲むのが好きです。)

Nǐmen dǎsuàn xuéxí Hànyǔ háishi xuéxí Hányǔ?
你们 打算 学习 汉语 还是 学习 韩语？　(あなたたちは中国語を勉強するつもりですか、
　　　　　　　　　　　　　　　　　　　　 韓国語を勉強するつもりですか。)

Wǒmen dǎsuàn xuéxí Hànyǔ.
― 我们 打算 学习 汉语。　　(私たちは中国語を勉強するつもりです。)

🎧 094

1 次の文章を漢字に直し、日本語に訳しましょう。さらに、声に出して読んでみましょう。

Jīngzǐ hé Shùnjī zài cāntīng chī xiǎolóngbāo. Tāmen diǎn le xiǎolóngbāo hé bābǎozhōu. Jīngzǐ yòng Wēixìn (WeChat) zhīfù, Shùnjī yòng xiànjīn zhīfù.

2 適切な語を選び、文章を完成させましょう。

打算　点　用　还是

(1) 你吃小笼包，（　　　　）吃八宝粥？

(2) 我（　　　　）了一份中式套餐。

(3) 我（　　　　）微信支付。

3 日本語の意味になるように、単語を並べ替えましょう。ただし、一語不要です。

(1) 私はあなたと同じで、現金で支払います。
［我　你　跟　一样　一起　用　支付　现金］

(2) 机にあるバーコードをスキャンしてください。
［请　你　看　二维码　扫　桌子上　的］

(3) 定食は一ついくらですか。
［套餐　一　个　份　多少钱］

4 中国語に訳しましょう。

(1) 私たちは別々に支払います。

(2) あなたは図書館に行きますか、それともプールに行きますか。

(3) 私の他に、王洋さんも WeChat 決済します。

5 次の質問に、自分のことについて、中国語で答えましょう。

(1) 你除了学习中文以外，还学习英文吗？

(2) 学校食堂一份套餐多少钱？

(3) 你用手机支付吗？

第 9 课 Dì jiǔ kè

胡同一日游
Hútòng yírìyóu

🎧 096

京子さんとスニさんは胡同めぐりをする。

Jīngzǐ: Zánmen qù hútòng yírìyóu, zěnmeyàng?
京子：咱们 去 胡同 一日游，怎么样？

Shùnjī: Tóngyì!
顺姬：同意！

Zài hútòngli
〜在胡同里〜

Shùnjī: Běijīng hútòng gǎizàohòu, biànde piàoliang le.
顺姬：北京 胡同 改造后，变得 漂亮 了。

Jīngzǐ: Zhèi tiáo jiē lìshǐ yōujiǔ.
京子：这 条 街 历史 悠久。

Shùnjī: Jiēli yě yǒu hěnduō Běijīng chuántǒng xiǎochī ba?
顺姬：街里 也 有 很多 北京 传统 小吃 吧？

Jīngzǐ: Tīngshuō zhèli de chuántǒng xiǎochī yīngyǒujìnyǒu.
京子：听说 这里 的 传统 小吃 应有尽有。

Shùnjī: Hǎo qīdài ya! Wǒ yào chángbiàn suǒyǒu měishí.
顺姬：好 期待 呀！我 要 尝遍 所有 美食。

Jīngzǐ: Chīwán hǎochīde, wǒ hái yào shùnbiàn mǎi
京子：吃完 好吃的，我 还要 顺便 买

xiē jìniànpǐn.
些 纪念品。

新出单語 🎧 095

胡同 hútòng 名 フートン 北京に残る古い路地

一日游 yírìyóu 1日観光

同意 tóngyì 動 賛成する

北京 Běijīng 固 北京

改造 gǎizào 動 リノベーションする

后 hòu 方位 （時間的に）あと

变 biàn 動 変わる

漂亮 piàoliang 形 きれいだ

街 jiē 名 通り

悠久 yōujiǔ 形 （歴史・文化などが）悠久である

传统 chuántǒng 形 伝統的な

小吃 xiǎochī 名 おやつ 軽食

应有尽有 yīngyǒujìnyǒu 成 必要なものは何でもある

好期待 hǎo qīdài とても楽しみだ

呀 ya 助 （文末に置いて肯定の語気を表す）

尝遍 chángbiàn 食べ尽くす

所有 suǒyǒu 形 あらゆる

美食 měishí 名 おいしい食べ物

吃完 chīwán 食べ終える

好吃 hǎochī 形 おいしい

好吃的 hǎochīde 名 "好吃的东西"（おいしいもの）の略

顺便 shùnbiàn 副 ついでに

买 mǎi 動 買う

些 xiē 量 いくつか

纪念品 jìniànpǐn 名 お土産

京子： 咱們 去 胡同 一日遊，怎麼樣？

順姫： 同意！

〜在胡同裡〜

順姫： 北京 胡同 改造後，變得 漂亮 了。

京子： 這 條 街 歷史 悠久。

順姫： 街裡 也 有 很多 北京 傳統 小吃 吧？

京子： 聽說 這裡 的 傳統 小吃 應有盡有。

順姫： 好 期待 呀！我 要 嘗遍 所有 美食。

京子： 吃完 好吃 的，我 還要 順便 買 些 紀念品。

ステップアップ
単語帳 🎧 097

● **病気** ●

gǎn mào 感冒 （風邪を引く）	tóu téng 头疼 （頭が痛い）	dùzi téng 肚子疼 （お腹が痛い）	sǎngzi téng 嗓子疼 （喉が痛い）	fā shāo 发烧 （発熱する）
liúgǎn 流感 （インフルエンザ）	yīshēng 医生 （医者）	yīyuàn 医院 （病院）	chī yào 吃药 （薬を飲む）	kànbìng 看病 （病気を診てもらう）

文化コラム

龍の爪を数えてみれば

　２本の角、ワニのような恐ろしい顔、鋭いかぎ爪、蛇のように長大な胴体。中国の龍は、古くからこの世を治める天子（＝皇帝）の象徴でした。天子の着物には龍の模様があしらわれ、民間でも親しまれてきました。ところが、宋の時代以降、皇帝に権力が集中すると、龍を民間人が使うことは禁止され、その爪の数も５本に限ると定められました。

　そこで、中国の人々は、龍の模様を描くときには、爪の数を４本や３本に減らすことにしました。龍のようでも龍ではない、ただの蟒（うわばみ）だからお咎めなかろう、というわけです。政府もこのような民間の対策をあえて黙認し、面子が損なわれないようにしました。このように、龍の爪という小さな事柄ひとつとっても、そこに中国の歴史の大きな流れと、中国社会の特徴が垣間見えて面白いのです。

　　　　　　　　参考文献：宮崎市定「龍の爪は何本か」（同『中国文明論集』岩波書店、1995年所収）

1. 様態補語 "得"^{de} 🎧 098

▶ 動作行為の様態やその程度を表します。「～するのが…である」

動詞＋"得"＋形容詞(句)

Nǐ māma měitiān qǐde zǎo ma?
你 妈妈 每天 起得 早 吗？　(あなたのお母さんは毎日起きるのが早いですか。)　※起 動 …起きる

— Wǒ māma měitiān qǐde hěn zǎo.
我 妈妈 每天 起得 很 早。(私のお母さんは毎日起きるのが早いです。) ※早 形 …(時間が) 早い

Tā pǎode bú kuài.
她 跑得 不 快。　　　　　(彼女は走るのが速くありません。)

(動詞＋)目的語＋動詞＋"得"＋形容詞(句)

Tā shuō Zhōngwén shuōde hěn hǎo.
他 说 中文 说得 很 好。　(彼は中国語を話すのが上手です。)

Tā Zhōngwén shuōde hěn hǎo.
他 中文 说得 很 好。　　(彼は中国語を話すのが上手です。)

2. "听说"^{tīngshuō} 🎧 099

听说～　「聞くところによると～だそうだ」

Tīngshuō tā de bìng yǐjīng hǎo le.
听说 他 的 病 已经 好 了。　(聞くところによると、彼の病気はもう良くなったそうです。)

听＋人＋说～　「…から～と聞いている」

Tīng WángYáng shuō zuótiān tā méi lái shàng kè.
听 王洋 说 昨天 她 没 来 上课。(王洋さんから昨日彼女は授業を欠席したと聞きました。)

3. 義務を表す助動詞 "要"^{yào} 🎧 100

"要"＋動詞　「～しなければならない」

Wǒ yào fùxí Yīngyǔ.
我 要 复习 英语。　　　　　(私は英語を復習しなければならない。)

Jīntiān wǒ yào dǎsǎo fángjiān.
今天 我 要 打扫 房间。　　　(今日私は部屋を掃除しなければなりません。)

※打扫 動 …掃除する／房间 名 …部屋

1 次の文章を漢字に直し、日本語に訳しましょう。さらに、声に出して読んでみましょう。

Běijīng de hútòng lìshǐ yōujiǔ. Gǎizàohòu biànde gèng piàoliang le. Jīngzǐ hé Shùnjī qù hútòng yírìyóu, tāmen dǎsuàn chángbiàn Běijīng xiǎochī.

_____

_____

2 適切な語を選び、文章を完成させましょう。

听说　得　有　在

⑴ （　　　　）他去过北京胡同。

⑵ 他中文说（　　　　）很好。

⑶ 日本也（　　　　）很多传统小吃吗？

3 日本語の意味になるように、単語を並べ替えましょう。ただし、一語不要です。

⑴ この通りに北京の伝統的なおやつがたくさんあります。
　[这条街　很多　有　北京　传统　好吃的　小吃]

_____

⑵ 彼は走るのがとても速いです。
　[他　得　跑　的　非常　快]

⑶ 彼女たちは美味しいものを全部食べてしまいました。
　[她们　美食　尝　了　遍　过　所有]

4 中国語に訳しましょう。

⑴ 一緒に美味しいものを食べに行きませんか。

⑵ 北京はいっそうきれいになりました。

⑶ ご飯を食べた後、いくつかお土産を買いたいです。

5 次の質問に、自分のことについて、中国語で答えましょう。

※家乡 jiāxiāng [名] ふるさと

⑴ 你的家乡有什么传统小吃吗？

⑵ 北京胡同改造后，变得更漂亮了，你想去看看吗？

⑶ 说说你喜欢的美食。

第 10 课

Dì shí kè

坐地铁参观奥运场馆
Zuò dìtiě cānguān Àoyùn chǎngguǎn

🎧 103

京子さんとスニさんはオリンピック競技会場を見に行く計画を立てている。

Jīngzǐ: Wǒmen zuò dìtiě qù guānguāng ba.
京子： 我们 坐 地铁 去 观光 吧。

Shùnjī: Wáng Yáng gàosu wǒ, zuìhǎo mǎi yì zhāng
顺姬： 王洋 告诉 我，最好 买 一 张

gōngjiāo yìkǎtōng.
公交 一卡通。

Jīngzǐ: Yòng zhèige kǎ yòu piányi yòu fāngbiàn.
京子： 用 这个 卡 又 便宜 又 方便。

Shùnjī: Shuǐlìfāng hé Niǎocháo dōu shì guānguāng de
顺姬： 水立方 和 鸟巢 都 是 观光 的

hǎo dìfang.
好 地方。

Jīngzǐ: Xiān cháhǎo lùxiàn zài chūfā. Bǐrú,
京子： 先 查好 路线 再 出发。 比如，

xiān qù Shuǐlìfāng. Zuò yī hào xiàn dìtiě
先 去 水立方。 坐 一号线 地铁

bàn ge xiǎo shí jiù dào le.
半个 小时 就 到 了。

Shùnjī: Nǐ zhēn xìxīn.
顺姬： 你 真 细心。

Jīngzǐ: Bié wàng le dài shǒujī à.
京子： 别 忘 了 带 手机 啊。

Shùnjī: Dōu zhǔnbèihǎo le, chū fā ba!
顺姬： 都 准备好 了，出发 吧！

新出単語 🎧 102

坐 zuò 動 乗る 座る

地铁 dìtiě 名 地下鉄

参观 cānguān 動 見学する

奥运场馆 Àoyùn chǎngguǎn 固 オリンピック競技会場

观光 guānguāng 動 観光する

告诉 gàosu 動 知らせる

公交一卡通 gōngjiāo yìkǎtōng 名 交通ICカード

卡 kǎ 名 カード

方便 fāngbiàn 形 便利である

水立方 Shuǐlìfāng 固 (国家水泳センターの愛称) ウォーターキューブ

鸟巢 Niǎocháo 固 (国家体育場の愛称) 鳥の巣

好 hǎo 形 良い

地方 dìfang 名 ところ 場所

查好 cháhǎo しっかり調べる

路线 lùxiàn 名 路線

出发 chūfā 動 出発する

比如 bǐrú 接 例えば

一号线 yī hàoxiàn 1号線

到 dào 動 到着する

细心 xìxīn 形 細かいところまで気がつく

忘 wàng 動 忘れる

啊 à 助 (相手に同意や確認を求める)

准备好 zhǔnbèihǎo しっかり準備する

都～了 dōu～le もう～になった

京子：　我們 坐 地鐵 去 觀光 吧。

順姬：　王洋 告訴 我，最好 買 一 張 公交 一卡通。

京子：　用 這個 卡 又 便宜 又 方便。

順姬：　水立方 和 鳥巢 都 是 觀光 的 好 地方。

京子：　先 查好 路線 再 出發。 比如，先 去 水立方。

　　　　坐 一號線 地鐵 半個 小時 就 到 了。

順姬：　你 真 細心。

京子：　別 忘 了 帶 手機 啊。

順姬：　都 準備 好 了，出發 吧！

ステップアップ
単語帳　　🎧 104

乗り物

fēijī	diànchē	gāotiě	xīngànxiàn	mótuōchē
飞机	电车	高铁	新干线	摩托车
（飛行機）	（電車）	（高速鉄道）	（新幹線）	（オートバイ）

文化コラム

流行語「躺平 tǎng píng」から中国の世相を覗いてみよう

　中国では最近「躺平」という言葉が流行っています。「横たわる」という意味で、2020年に初めて「微博 Wēi bó」（中国のSNS）に登場しました。過度なストレス社会において、現実から逃避する「横たわり族」または「寝そべり現象」といった、若者たちの生活態度を揶揄する言葉として使われています。これは具体的には、「不买车 bù mǎi chē, 不买房 bù mǎi fáng, 不结婚 bù jié hūn, 不生娃 bù shēng wá, 不消费 bù xiāo fèi」（車を買わない、家を買わない、結婚しない、子供を作らない、消費もしない）の「五つのしない」です。自暴自棄の感情から、熾烈な競争社会における若者たちの無気力さが垣間見えます。一時的に寝そべるものの、リフレッシュして、明るい未来を切り開こうと励ます声も聞かれます。

1. "又～又…" 🎧105

▶二つの性質や状態を同時に兼ね備えていることを表します。「～でもあり、…でもある」

Chǎofàn yòu piányi yòu hǎochī.
炒饭 又 便宜 又 好吃。 （チャーハンは安くておいしい。）

Wǒ yòu kùn yòu è.
我 又 困 又 饿。 （私は眠いしお腹が空いている。） ※困 形 …眠い／饿 形 …空腹だ

▶類似の表現に、"既～又…"があります。これは、"又～又…"よりも書き言葉として使われます。

Tā jì huì Rìyǔ, yòu huì Fǎyǔ.
他 既 会 日语，又 会 法语。 （彼は英語ができるし、フランス語もできる。）

Zhèige cài jì xīnxiān, yòu hǎochī.
这个 菜 既 新鲜，又 好吃。 （この料理は新鮮でおいしい。）

2. "先～再…" 🎧106

▶二つの動作の順番を述べます。「まず～して、それから…する」

Wǒmen xiān qù Shànghǎi, zài qù Hángzhōu ba.
我们 先 去 上海，再 去 杭州 吧。 （先に上海へ行って、それから杭州へ行こう。）

※杭州 名 …中国の地名

Wǒ xiǎng xiān chī fàn, zài zuò zuòyè.
我 想 先 吃 饭，再 做 作业。 （私はまずご飯を食べて、それから宿題をやりたい。）

3. 時間の長さ 🎧107

5分間	……五分钟 wǔ fēnzhōng	3時間	……三个小时 sān ge xiǎoshí
4日間	……四天 sì tiān	2週間	……两个星期 liǎng ge xīngqī
3か月間	……三个月 sān ge yuè	6年間	……六年 liù nián

4. 副詞 "就" 🎧108

▶時間的・空間的距離が近いことを表します。「すぐに」「すぐそこに」

Xiàwǔ wǒ chī le fàn, jiù qù dǎgōng.
下午 我 吃 了 饭，就 去 打工。 （午後、私はご飯を食べたらすぐにアルバイトに行きます。）

Shítáng jiù zài qiánmian.
食堂 就 在 前面。 （食堂はすぐ前にあります。）

5. 禁止を表す "别" 🎧109

"别" + 動詞 「～しないでください」

Bié chídào!
别 迟到！ （遅刻しないでください。） ※迟到 動 …遅刻する

Bié qù le.
别 去 了。 （行くのをやめましょう。）

Bié kàn diànshì le.
别 看 电视 了。 （テレビを見ないで下さい。）

＊今まで行われていた動作を中断させる場合は"别～了"となります。

🎧 110

1 次の文章を漢字に直し、日本語に訳しましょう。さらに、声に出して読んでみましょう。

10

Běijīng de dìtiě **sìtōng bādá**. Yòng gōngjiāo yìkǎtōng yòu piányi yòu fāngbiàn. Dìtiě **zhōuwéi** yǒu hěn duō guānguāng de hǎo dìfang.

sìtōngbādá
＊四通八达 [成語] 交通網が四方八方に通じていること。

zhōuwéi
周围 [名] 周辺

....

....

2 適切な語を選び、文章を完成させましょう。

就 又 吧 再

(1) 先查好路线（　　　　　）出发。

(2) 坐地铁一刻钟（　　　　　）到。

(3) 学校食堂的饭又便宜（　　　　　）好吃。

3 日本語の意味になるように、単語を並べ替えましょう。ただし、一語不要です。

(1) 携帯電話を忘れないでくださいね。
　　［ 不　别　了　忘　带　啊　手机 ］　..

(2) あなたは本当に気が利きますね。
　　［ 你　太　真　细心 ］　..

(3) 交通ICカードを一枚買った方が良いでしょう。
　　［ 最好　很好　买　公交　一张　一卡通 ］　..

4 中国語に訳しましょう。

(1) 奈良も京都もいずれも観光に最適な場所です。　..

(2) 私たちは地下鉄で観光に行きましょう。　..

(3) 準備ができたら、出発しましょう。　..

5 次の質問に、自分のことについて、中国語で答えましょう。

(1) 你也有公交一卡通吗？　..

(2) 你坐地铁来大学吗？　..

(3) 介绍一下日本观光的好地方。　..

Dàxióngmāo tài kě'ài le
大熊猫太可爱了

🎧 112

新出単語 🎧 111

大熊猫 dàxióngmāo 名 ジャイアントパンダ

太～了 tài～le 非常に～である

可爱 kě'ài 形 可愛い

京子さんとスニさんは動物園へパンダを見に行く。

Jīngzǐ: Dòngwùyuán lí xuéxiào hěn jìn ba?
京子: 动物园 离 学校 很 近 吧？

动物园 dòngwùyuán 名 動物園

近 jìn 形 近い

Shùnjī: Duì. Wǒmen kěyǐ qí gòngxiǎng dānchē qù.
顺姬: 对。我们 可以 骑 共享单车 去。

骑 qí 動 （自転車・バイク・馬などにまたがって）乗る

共享单车 gòngxiǎng dānchē 名 シェアサイクル

自行车 zìxíngchē 名 自転車

Jīngzǐ: Duì bu qǐ, wǒ bú huì qí zìxíngchē.
京子: 对不起，我 不 会 骑 自行车。

Shùnjī: Méi guānxi! Nà zuò gōngjiāochē qù ba.
顺姬: 没关系！那 坐 公交车 去 吧。

公交车 gōngjiāochē 名 バス

Zài dòngwùyuán dàxióngmāoguǎnnèi
～在 动物园 大熊猫馆内～

大熊猫馆 dàxióngmāoguǎn ジャイアントパンダ館

内 nèi 方位 ～内

Shùnjī: Kàn! Xióngmāo zhèngzài kànzhe wǒmen ne,
顺姬: 看！ 熊猫 正在 看着 我们 呢，

tài kě'ài le!
太 可爱 了！

Jīngzǐ: Xióngmāo zài chī zhúzi ne!
京子: 熊猫 在 吃 竹子 呢！

竹子 zhúzi 名 竹

Nǐ néng gěi wǒ pāi zhāng zhàopiàn ma?
你 能 给 我 拍 张 照片 吗？

拍 pāi 動 （写真を）撮る

照片 zhàopiàn 名 写真

京子：動物園 離 學校 很 近 吧？

順姬：對。我們 可以 騎 共享單車 去。

京子：對不起，我 不 會 騎 自行車。

順姬：沒關係！那 坐 公交車 去 吧。

〜在動物園大熊貓館內〜

順姬：看！熊貓 正在 看著 我們 呢，太 可愛 了！

京子：熊貓 在 吃 竹子 呢！

　　　你 能 給 我 拍 張 照片 嗎？

ステップアップ 🎧 113
単語帳

● スポーツ ●

dǎ lánqiú	dǎ pīngpāngqiú	dǎ bàngqiú	dǎ páiqiú
打篮球	打乒乓球	打棒球	打排球
（バスケットボールをする）	（卓球をする）	（野球をする）	（バレーボールをする）

huáxuě	huábīng	yóuyǒng
滑雪	滑冰	游泳
（スキーをする）	（スケートをする）	（泳ぐ）

文化コラム

十二支

　十二支といえば、みなさんよくご存知の「子（鼠）・丑（牛）・寅（虎）・卯（兔）・辰（龍）・巳（蛇）・午（馬）・未（羊）・申（猿）・酉（鶏）・戌（犬）・亥（猪）」ですね。中国語では、例えばあなたが亥年の生まれなら、「我属猪。」_{Wǒ shǔ zhū.}と言います。ところで、十二支のうち、この「猪」だけは中国と日本で指す動物が少し違います。日本では「猪」はイノシシを指しますが、中国ではブタを指すのです。とはいえ、イノシシが家畜化してブタになったとも言われていますから、それほど違いはないのかもしれませんが。ただ、亥年のみなさんは、中国へ行ったらちょっと気を付けてみて下さいね。

　そういえば、ネコは十二支に入りませんね。十二支の動物を選ぶ競争でネズミに騙された、というお話もあります。でも、海外の十二支ではネコが選ばれているところもあります。さて、それはどこ（複数）でしょうか。

1. 介詞 "离"[lí] 🎧 114

| A＋"离"＋B＋"远 / 近" | 「AはBから遠い / 近い」 ▶ 2点間の隔たりを表します。 |

Yīyuàn lí zhèli jìn ma?
医院 离 这里 近 吗？　　（病院はここから近いですか。）

Yīyuàn lí zhèli hěn jìn.
— 医院 离 这里 很 近。　　（病院はここから近いです。）

2. 可能を表す助動詞 "会"[huì] "能"[néng] "可以"[kěyǐ] 🎧 115

| "会"＋動詞 | ▶ 習得して「〜できる」ことを表します。 |

Wǒ huì shuō Hànyǔ.
我 会 说 汉语。　　（私は中国語が話せます。）

Tā bú huì kāichē.
他 不 会 开车。　　（彼は運転できません。）　※开车 動＋目 …運転する

| "能"＋動詞 | ▶ 能力・条件が整って「〜できる」ことを表します。 |

Tā néng yóu yìbǎi mǐ.
她 能 游 一百 米。　　（彼女は100メートル泳げます。）　※游 動 …泳ぐ／米 名 …メートル

Nǐ míngtiān néng lái ma?
你 明天 能 来 吗？　　（あなたは明日来られますか。）

Shàngwǔ néng lái, xiàwǔ bù néng lái.
— 上午 能 来，下午 不 能 来。　　（午前は来られますが、午後は来られません。）

| "可以"＋動詞 | ▶ 許可されて「〜できる」ことを表します。 |

Zhèli kěyǐ chōuyān ma?
这里 可以 抽烟 吗？　　（ここでタバコを吸ってもいいですか。）　※抽烟 動＋目 …タバコを吸う

Zhèli bù néng chōuyān.
— 这里 不 能 抽烟。　　（ここでタバコを吸ってはいけません。）

3. 動作の進行を表す "正在 (在 / 正) 〜呢"[zhèng zài][zài][zhèng][ne] 🎧 116

Nǐ zài kàn shénme ne?
你 在 看 什么 呢？　　（あなたは何を見ていますか。）

wǒ zhèngzài kàn shū ne.
— 我 正在 看书 呢。　　（私は本を読んでいます。）

4. 動作や状態の持続を表す "着"[zhe] 🎧 117

| 動詞＋"着" |

Tā chuānzhe máoyī.
她 穿着 毛衣。（彼女はセーターを着ています。）

Wǒmen méiyǒu dàizhe yǔsǎn.
我们 没有 带着 雨伞。（私たちは傘を持っていません。）

Tā zhèngzài kànzhe diànshìjù (ne).
他 正在 看着 电视剧（呢）。（彼はまさにテレビドラマを見ているところです。）

＊ "正在〜呢" と "着" が一緒に使われる場合は、動作が進行中で、かつその動作が持続していることを表します。

118

1 次の文章を漢字に直し、日本語に訳しましょう。さらに、声に出して読んでみましょう。

Dòngwùyuán zài xuéxiào de **xībiān**. Dòngwùyuánli yǒu Dàxióngmāoguǎn.
Xióngmāo fēicháng kě'ài. Qù dòngwùyuán kěyǐ qí gòngxiǎng dānchē, yě kěyǐ
zuò gōngjiāochē.

xībiān
＊西边 名 西側

2 適切な語を選び、文章を完成させましょう。

可以 离 正在 着

⑴ 我们（　　　　　）骑共享单车去。

⑵ 学校（　　　　　）动物园很远。

⑶ 他（　　　　　）看书呢。

3 日本語の意味になるように、単語を並べ替えましょう。ただし、一語不要です。

⑴ バスで行きましょう。
　　［我们　坐　去　骑　公交车　吧］

⑵ パンダはとても可愛いです。
　　［熊猫　很　太　了　可爱］

⑶ 写真を撮っていただけますか。
　　［你　能　会　给　拍　我　张　照片　吗］

4 中国語に訳しましょう。

⑴ 私は自転車に乗れません。

⑵ パンダは竹を食べているところです。

⑶ あなたの家は駅から近いですか。

5 次の質問に、自分のことについて、中国語で答えましょう。

⑴ 日本也用共享单车吗？

⑵ 你坐地铁上学还是骑自行车上学？

⑶ 你看过熊猫吗？

Dào Wáng Yáng jiā zuòkè
到 王洋 家 作客

🎧 120

新出単語 🎧 119

作客 zuòkè 動 訪問する

王洋さんは京子さんとスニさんを家に招待する。

Wáng Yáng: Huānyíng dàjiā lái zuòkè.
王洋：欢迎 大家 来 作客。

欢迎 huānyíng 動 歓迎する

Jīngzǐ: Zhè shì cóng Rìběn dàilái
京子：这 是 从 日本 带来

　　　　de lǐwù, yìdiǎn xiǎo xīnyì.
　　　　的 礼物，一点 小 心意。

带来 dàilái 持って来る
礼物 lǐwù 名 プレゼント　贈り物
一点 yìdiǎn 数 少し
小心意 xiǎo xīnyì（贈り物をする時に謙遜して言う）ほんの気持ち

Shùnjī: Zhè shì wǒ fùmǔ ràng wǒ dàilái de Hánguó
顺姬：这 是 我 父母 让 我 带来 的 韩国

　　　　zǐcài hé làjiàng.
　　　　紫菜 和 辣酱。

父母 fùmǔ 名 両親
紫菜 zǐcài 名 海苔
辣酱 làjiàng 名 コチュジャン

Wáng Yáng: Xièxie dàjiā. Wǒ wèi nǐmen zhǔnbèi le shuǐjiǎo.
王洋：谢谢 大家。我 为 你们 准备 了 水饺。

为 wèi 前 ～のために
准备 zhǔnbèi 動 準備する

Shùnjī: Wǒmen kěyǐ hé nǐ yìqǐ xué bāo jiǎozi ma?
顺姬：我们 可以 和 你 一起 学 包 饺子 吗？

包饺子 bāo jiǎozi 動+目 餃子を作る

Wáng Yáng: Kěyǐ. Wǒmen yìbiān bāo jiǎozi yìbiān liáotiān.
王洋：可以。我们 一边 包 饺子 一边 聊天。

聊天 liáotiān 動 おしゃべりをする

Jīngzǐ: Zhōngguórén shénme shíhou chī jiǎozi?
京子：中国人 什么 时候 吃 饺子？

Wáng Yáng: Guònián huòzhě zhāodài péngyoushí bāo jiǎozi.
王洋：过年 或者 招待 朋友时 包 饺子。

过年 guònián 動 年越し
或者 huòzhě 接 あるいは
招待 zhāodài 動 もてなす
时 shí ～の時
只 zhǐ 副 ただ～だけ

Jīngzǐ: Wǒ zhǐ chīguo guōtiē, jīntiān xuéhuì le zuò shuǐjiǎo.
京子：我 只 吃过 锅贴，今天 学会 了 做 水饺。

锅贴 guōtiē 名 焼き餃子
学会 xuéhuì 学んで身につける

Shùnjī: Jì chī měishí yòu jùhuì, tài xìngfú le.
顺姬：既 吃 美食 又 聚会，太 幸福 了。

聚会 jùhuì 名 パーティー
幸福 xìngfú 形 幸せである

王洋： 歡迎 大家 來 作客。

京子： 這 是 從 日本 帶來 的 禮物，一點 小 心意。

順姬： 這 是 我 父母 讓 我 帶來 的 韓國 紫菜 和 辣醬。

王洋： 謝謝 大家。 我 為 你們 準備 了 水餃。

順姬： 我們 可以 和 你 一起 學 包 餃子 嗎？

王洋： 可以。 我們 一邊 包 餃子 一邊 聊天。

京子： 中國人 什麼時候 吃 餃子？

王洋： 過年 或者 招待 朋友時 包 餃子。

京子： 我 只 吃過 鍋貼，今天 學會 了 做 水餃。

順姬： 既 吃 美食 又 聚會，太 幸福 了。

 🎧121

天気

qíngtiān	yīntiān	xià yǔ	xià xuě	dǎ léi	guāfēng
晴天	阴天	下雨	下雪	打雷	刮风
（晴れ）	（曇り）	（雨が降る）	（雪が降る）	（雷が鳴る）	（風が吹く）

進むスマート社会

　今の中国では、生活のほとんどの場面でスマートフォンが欠かせません。買い物の代金はスマホ決済で支払い、お年玉もスマホアプリを使って電子マネーで渡します。紙幣や硬貨は見かけることさえ少なくなりました。手を上げてタクシーを止めるのも昔の話。配車アプリで目的地に向かう車を検索して乗り合わせる、ライドシェアが当たり前です。都市部のフード宅配サービスでは、顔認証機能付きの専用宅配ボックスで、受け取りにスマホさえ要らない所があります。大学でもスマートキャンパス化が進んでいます。IC 学生証 (校园一卡通) はスマホアプリとなり、学食や図書の貸出、履修登録など、学生生活のあらゆる場面で利用できます。

　このように、モバイル・インターネットサービスが生活の隅々にまで行き渡った社会は、スマート社会と呼ばれます。楽しく新しく、便利なものが大好きな中国の人々には、そんな生活がぴったり合っているようです。

1. 介詞 "从" "到" 🎧122

"从" は出発点「～から」を表し、"到" は到達点「～まで」を表します。

Cóng zhèr dào nǐ jiā yuǎn bu yuǎn?
从 这儿 到 你 家 远 不 远？　　　（ここからあなたの家まで遠いですか。）

Cóng zhèr zǒu shí fēnzhōng, jiù dào xuéxiào le.
从 这儿 走 十 分钟，就 到 学校 了。　（ここから歩いて10分で学校に着きます。）

※就～了… すぐに～なる

Wǒ cóng jīntiān kāishǐ xuéxí Yīngyǔ.
我 从 今天 开始 学习 英语。　　　（私は今日から英語を勉強します。）

2. 助詞 "的" 🎧123

動詞が連体修飾語となる時は、"的" が必要です。時制は過去・現在・未来を問いません。

| 動詞＋"的"＋名詞 |

Nǐ mǎi de lǐwù shì shénme?
你 买 的 礼物 是 什么？　（あなたが買ったプレゼントは何ですか。）

Nǐ bāo de jiǎozi hěn hǎochī.
你 包 的 饺子 很 好吃。　（あなたが作った餃子はおいしいです。）

3. 使役を表す "让" 🎧124

| 主語＋"让"＋人＋動詞（＋目的語） | 「人に～させる」

Nǐ ràng wǒ tīng yi tīng.
你 让 我 听 一 听。　　　（ちょっと私に聞かせて下さい。）

Ràng nǐ jiǔ děng le.
让 你 久 等 了。　　　　（長らくお待たせしました。）

Māma ràng wǒ qù mǎi dōngxi.
妈妈 让 我 去 买 东西。　（お母さんは私に買い物に行かせる。）

4. "一边～一边…" 🎧125

二つの動作を同時に行うことを表します。「～しながら…する」

Wǒ yì biān tīng yīnyuè yì biān xuéxí.
我 一边 听 音乐 一边 学习。　　　（私は音楽を聴きながら勉強します。）

Bàba yì biān kàn bào yì biān chī zǎofàn.
爸爸 一边 看 报 一边 吃 早饭。　（父は新聞を読みながら朝ごはんを食べています。）

Tāmen biān zǒu biān liáo.
他们 边 走 边 聊。　　　　　（彼らは歩きながらおしゃべりをしています。）

＊動詞が一音節の場合は、"边～边～" とも言います。

🎧 126

1 次の文章を漢字に直し、日本語に訳しましょう。さらに、声に出して読んでみましょう。

Zhōngguórén zhāodài péngyoushí, xǐhuan bāo jiǎozi. Guònián hé guò shēngrìshí yě bāo jiǎozi. Dàjiā yìbiān liáotiān yìbiān bāo jiǎozi, fēicháng **rènao**.

＊热闹 形 賑やかだ
^{rènao}

....

....

2 適切な語を選び、文章を完成させましょう。

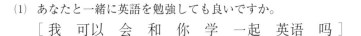
从　让　一边　边

⑴ 妈妈（　　　　）我去中国留学。

⑵ 我们一边看书（　　　　）练习汉语会话。

⑶ 我（　　　　）东京来。

3 日本語の意味になるように、単語を並べ替えましょう。ただし、一語不要です。

⑴ あなたと一緒に英語を勉強しても良いですか。
　　［我　可以　会　和　你　学　一起　英语　吗］

....

⑵ これは私のほんの気持ちです。
　　［这是　的　我　一点　小　大　心意］ ....

⑶ みんなで一緒に餃子を作りましょう。
　　［大家　包　做　一起　饺子　吧］ ....

4 中国語に訳しましょう。

⑴ これは母が私に持たせたお土産です。 ....

⑵ 私は皆さんに水餃子を用意しました。 ....

⑶ 私は友達とテレビを見ながら、おしゃべりします。 ....

5 次の質問に、自分のことについて、中国語で答えましょう。

⑴ 日本人招待朋友时吃什么？ ....

⑵ 你去朋友家带什么礼物？ ....

⑶ 日本人也吃饺子吗？ ....

12

単語索引

※発 ＝ 発音篇、本 ＝ 本文、ス ＝ ステップアップ単語帳、コ ＝ 文化コラム、文 ＝ 文法ポイント、練 ＝ 練習問題

A

啊	à	(文末に置いて注意喚起や念押しの意味を表す)	第10課本
啊	a	(文末に置いて肯定の語気を表す)	第6課本
ＡＡ制	ＡＡzhì	割り勘にする	第8課本
阿姨	āyí	(年配の女性に対する呼びかけの言葉) おばさん	第2課コ
爱好	àihào	趣味	第3課本
奥运场馆	Àoyùn chǎngguǎn	オリンピック競技会場	第10課本

B

八	bā	8	発, 第4課文
八宝粥	bābǎozhōu	八宝粥	第8課本
把	bǎ	(取っ手のあるものを数える) ～本、～脚	第6課文
爸爸	bàba	父	第1課ス
吧	ba	～しましょう	第3課文
白	bái	白い	発
白天	báitiān	昼間	第7課ス
百	bǎi	百	第4課文
半	bàn	(時間の単位) 半	第7課文
拌黄瓜	bàn huángguā	きゅうりの和え物	第6課本
傍晚	bàngwǎn	夕方	第7課ス
包饺子	bāo jiǎozi	餃子を作る	第12課本
报	bào	新聞	第12課文
杯	bēi	(～コップに入っているものを数える) ～杯	第6課文
北海道	Běihǎidào	北海道	第5課ス
北京	Běijīng	北京	第9課本
北京烤鸭	Běijīng kǎoyā	北京ダック	第5課本
北校区	běixiàoqū	北キャンパス	第5課本

本	běn	(本や雑誌などを数える) ～冊	第6課文
笔	bǐ	ペン	第4課ス
比	bǐ	～に比べて、～より	第6課文
笔袋	bǐdài	ペンケース	第4課ス
笔记本	bǐjìběn	ノート	第4課ス
比如	bǐrú	例えば	第10課本
边～边…	biān～biān…	～しながら…する	第12課文
变	biàn	変わる	第9課本
边	bian	(方位詞の後ろに用い) 場所・位置を表す	第5課文
表演	biǎoyǎn	演技　パフォーマンス	第7課本
别	bié	～するな	第10課文
病	bìng	病気	第9課文
菠萝	bōluó	パイナップル	第2課本
不	bù	(動詞や形容詞の前につけて否定を表す) ～ない	発, 第1課文
不客气	bú kèqi	どういたしまして	発
不行	bù xíng	だめだ	発
部长	bùzhǎng	部長	2課コ

C

菜	cài	料理	第10課文
参观	cānguān	見学する	第10課本
餐厅	cāntīng	レストラン	第8課本
草莓	cǎoméi	イチゴ	第6課文
茶	chá	茶	第2課文
茶馆	cháguǎn	茶館	第5課本
查好	cháhǎo	しっかり調べる	第10課本
差	chà	足りない、差がある	第7課文
尝遍	chángbiàn	食べ尽くす	第9課本
炒饭	chǎofàn	チャーハン	第2課文
衬衫	chènshān	シャツ	第8課ス

成都	Chéngdū	成都	第5課㋐
橙汁	chéngzhī	オレンジジュース	第6課㋐
吃	chī	食べる	㋭ 第2課㋐
吃完	chīwán	食べ終える	第9課㋑
吃药	chī yào	薬を飲む	第9課㋐
迟到	chídào	遅刻する	第10課㋐
抽烟	chōuyān	煙草を吸う	第11課㋑
初次见面	chūcì jiànmiàn		
		はじめまして	㋭
出发	chūfā	出発する	第10課㋑
除了~以外	chúle~yǐwài…		
		~を除いて…、~の他にも…	第8課㋑
穿	chuān	着る	第11課㋑
传统	chuántǒng	伝統的な	第9課㋑
次	cì	回数を表す	第7課㋑
从	cóng	(起点を表す)~から	第12課㋑

D

打棒球	dǎ bàngqiú	野球をする	第11課㋐
打电话	dǎ diànhuà	電話をかける	第4課㋑
打篮球	dǎ lánqiú	バスケットボールをする	
			第11課㋐
打排球	dǎ páiqiú	バレーボールをする	第11課㋐
打乒乓球	dǎ pīngpāngqiú		
		卓球をする	第11課㋐
打工	dǎgōng	アルバイトする	第10課㋑
打开	dǎkāi	(ドア・ふた・ページなどを)	
		開く	㋭
打雷	dǎ léi	雷が鳴る	第12課㋑
打扫	dǎsǎo	掃除する	第9課㋑
打算	dǎsuàn	~するつもりであ	第8課㋑
大	dà	大きい	㋭
大阪	Dàbǎn	大阪	第5課㋐
大谷京子	Dàgǔ Jīngzǐ	(人名)大谷京子	第1課㋑
大家	dàjiā	皆	第3課㋑
大熊猫	dàxióngmāo	ジャイアントパンダ	第11課㋑
大熊猫馆	dàxióngmāoguǎn		
		ジャイアントパンダ館	第11課㋑
大学	dàxué	大学	㋭. 第1課㋑
大学生	dàxuéshēng	大学生	第1課㋑
大众文化	dàzhòng wénhuà		

		ポップカルチャー	第3課㋕
带	dài	引き連れる、携帯する	第5課㋑
带来	dàilái	持って来る	第12課㋑
到	dào	到着する	第10課㋑
到	dào	~まで	第12課㋑
的	de	~の	第1課㋑
的	de	(動詞句が名詞句を修飾	
		する時に用いる)	第12課㋑
得	de	(動作行為の様態・程度を	
		表す補語を導く)	第9課㋑
等	děng	待つ	第12課㋑
第	dì	(数量詞の前に用いて序数を	
		表す)	㋭
弟弟	dìdi	弟	第1課㋐
地方	dìfang	ところ、場所	第10課㋑
地铁	dìtiě	地下鉄	第10課㋑
~点	diǎn	~時	第7課㋑
点	diǎn	少し	第8課㋑
点菜	diǎn cài	料理を注文する	第8課㋑
电车	diànchē	電車	第10課㋐
电脑	diànnǎo	パソコン	第6課㋑
电视	diànshì	テレビ	第7課㋑
电视剧	diànshìjù	テレビドラマ	第3課㋑
电影	diànyǐng	映画	㋭. 第3課㋑
订餐	dìngcān	料理を注文する	第8課㋑
东京	Dōngjīng	東京	第5課㋐
动漫	dòngmàn	アニメ	第3課㋑
动物园	dòngwùyuán	動物園	第11課㋑
都	dōu	みな、すべて	第3課㋑
都是	dōu shì	~はどちらも~です	第1課㋕
都~了	dōu~le	もう~になった	第10課㋑
读	dú	(声を出して)読む	㋭
肚子疼	dùzi téng	お腹が痛い	第9課㋑
短期留学生	duǎnqī liúxuéshēng		
		短期留学生	第1課㋑
对	duì	そのとおり、正しい	第1課㋑
对	duì	~に対して…	第3課㋑
对不起	duìbuqǐ	ごめんなさい	㋭
多	duō	多い	第4課㋑
多少	duōshao	(数の制限はない)	
		いくつ どのくらい	第4課㋑

多少钱	duōshao qián		
		いくら	第8課⑭

E

饿	è	空腹だ	第10課⑫
二	èr	2	⑱, 第4課⑫
二年级	èr niánjí	二年生	第1課⑭
二维码	èrwéimǎ	QRコード	第8課⑭

F

发烧	fāshāo	発熱する	第9課⑫
法国	Fǎguó	フランス	⑱
法国菜	Fǎguócài	フランス料理	⑱
法国人	Fǎguórén	フランス人	⑱, 第1課⑫
法语	Fǎyǔ	フランス語	第8課⑫
饭	fàn	ご飯	⑱
饭菜	fàncài	ご飯とおかず	第6課⑭
饭馆	fànguǎn	レストラン	第2課⑫
方案	fāng'àn	案、計画	⑱
方便	fāngbiàn	便利である	第10課⑭
房间	fángjiān	部屋	第9課⑫
非常	fēicháng	非常に	第7課⑭
飞机	fēijī	飛行機	第10課⑫
～分	fēn	～分	第7課⑫
～分	fēn	(中国の通貨単位)分	第8課⑫
～分钟	fēnzhōng	～分間	第10課⑫
份	fèn	(組・セットになった	
		ものを数える)	
		～セット、～人前	第8課⑭
丰富	fēngfù	豊富である	第6課⑭
服务员	fúwùyuán	店員　スタッフ	第6課⑭
付款	fùkuǎn	支払いをする	第6課⑭
父母	fùmǔ	両親	第12課⑭
复习	fùxí	復習する	第9課⑫

G

改造	gǎizào	リノベーションする	第9課⑭
感冒	gǎnmào	風邪を引く	第9課⑫
感兴趣	gǎn xìngqù	～に興味がある	第3課⑭
高	gāo	(背が)高い	第6課⑫
高铁	gāotiě	高速鉄道	第10課⑫

高中生	gāozhōngshēng		
		高校生	第1課⑭
告诉	gàosu	知らせる	第10課⑭
哥哥	gēge	兄	第1課⑫
歌儿	gēr	歌	⑱
各式各样	gè shì gè yàng		
		さまざま	第5課㊝
个	ge	(広く人やモノを数える)	
		～個、～人	第4課⑭
给	gěi	～に、～のために	第7課⑫
跟	gēn	～の後について	⑱
跟～一样	gēn ～ yíyàng		
		～と同じである	第8課⑭
公交车	gōngjiāochē	バス	第11課⑭
公交一卡通	gōngjiāo yìkǎtōng		
		交通 IC カード	第10課⑭
公园	gōngyuán	公園	第2課⑫
共享单车	gòngxiǎng dānchē		
		シェアサイクル	第11課⑭
刮风	guā fēng	風が吹く	第12課⑫
观光	guānguāng	観光する	第10課⑭
观赏	guānshǎng	鑑賞する	第7課⑭
广州	Guǎngzhōu	広州	第5課⑫
贵	guì	(値段が)高い	第6課⑫
贵姓	guìxìng	相手の名前を丁寧に	
		聞く言い方	第1課⑫
锅贴	guōtiē	焼き餃子	第12課⑭
国潮	guócháo	中華風トレンド	第5課㊀
过年	guònián	年越し	第12課⑭
过	guo	(過去の経験を表す)	
		～したことがある	第5課⑭

H

还	hái	まだ	第5課⑭
还是	háishi	それとも	第8課⑫
韩国	Hánguó	韓国	⑱, 第6課⑫
韩国菜	Hánguócài	韓国料理	⑱
韩国人	Hánguórén	韓国人	⑱
韩语	Hányǔ	韓国語	第8課⑫
汉服	Hànfú	漢服	第5課㊀
汉字	Hànzì	漢字	第2課⑭

汉语	Hànyǔ	中国語	第8課Ⓩ
杭州	Hángzhōu	杭州	第10課Ⓩ
好	hǎo	良い	Ⓟ，第10課Ⓚ
好吃	hǎochī	おいしい	第9課Ⓚ
好吃的	hǎochī de	おいしいもの	第9課Ⓚ
好的	hǎode	分かりました	第4課Ⓚ
好朋友	hǎo péngyou		
		仲良し	第2課Ⓔ
好期待	hǎo qīdài	とても楽しみだ	第9課Ⓚ
～号	hào	～日	第3課Ⓩ
喝	hē	飲む	第2課Ⓩ
和	hé	～と	第3課Ⓚ
	hěn	とても	第4課Ⓩ
很好	hěn hǎo	いいですね	Ⓟ
红酒	hóngjiǔ	ワイン	第6課Ⓢ
后	hòu	後ろ	第5課Ⓚ
后	hòu	（時間的に）あと	第9課Ⓚ
后边	hòubian	後ろ	第5課Ⓚ
后面	hòumian	後ろ	第5課Ⓚ
胡同	hútòng	フートン、北京に	
		残る古い路地	第9課Ⓚ
花儿	huār	花	Ⓟ
滑冰	huábīng	スケートをする	第11課Ⓢ
滑雪	huáxuě	スキーをする	第11課Ⓢ
画画儿	huà huàr	絵を描く	第3課Ⓢ
欢迎	huānyíng	歓迎する	第12課Ⓚ
欢迎光临	huānyíng guānglín		
		いらっしゃいませ	第8課Ⓚ
会	huì	～できる	Ⓟ，第11課Ⓩ
或者	huòzhě	あるいは	第12課Ⓚ

	J		
几	jǐ	（10以下の数を尋ねる）	
		いくつ	第4課Ⓩ
既～又…	jì～yòu…	～であり、その上また…	
			第10課Ⓩ
纪念品	jìniànpǐn	お土産	第9課Ⓚ
家	jiā	（店舗や企業などを数える）	
		～軒	第6課Ⓩ
家	jiā	家	第12課Ⓩ
家乡	jiāxiāng	ふるさと	第9課Ⓔ

加油	jiāyóu	頑張る	Ⓟ
教	jiāo	教える	第4課Ⓔ
价钱	jiàqián	値段	第6課Ⓚ
见	jiàn	会う	第4課Ⓚ
件	jiàn	（衣類や事柄を数える）	
		～枚、～件	第6課Ⓩ
见面	jiànmiàn	会う	第4課Ⓩ
～角	jiǎo	（中国の通貨単位　書き	
		言葉）角	第8課Ⓩ
叫	jiào	名前は～という	第1課Ⓩ
教室	jiàoshì	教室	Ⓟ，第4課Ⓚ
街	jiē	通り	第9課Ⓚ
结婚	jiéhūn	結婚する	第10課㈢
姐姐	jiějie	姉	第1課Ⓩ
金顺姬	Jīn Shùnjī	（人名）キム・スニ	第1課Ⓩ
今天	jīntiān	今日	第2課Ⓩ
进	jìn	入る	Ⓟ
近	jìn	近い	第11課Ⓚ
精彩	jīngcǎi	すばらしい	第7課Ⓚ
京都	Jīngdū	京都	第5課Ⓢ
经理	jīnglǐ	経営者、マネージャー	第2課㈢
酒	jiǔ	酒	Ⓟ
九	jiǔ	9	Ⓟ，第4課Ⓩ
久	jiǔ	久しい、長い	第12課Ⓩ
久远	jiǔyuǎn	（時間が）長い	Ⓟ
就	jiù	すぐに	第10課Ⓩ
就～了	jiù～le	すぐ～になる	第12課Ⓩ
橘子	júzi	みかん	第2課Ⓩ
聚会	jùhuì	パーティー	第12課Ⓚ

	K		
卡	kǎ	カード	第10課Ⓚ
咖啡	kāfēi	コーヒー	Ⓟ，第6課Ⓩ
咖啡厅	kāfēitīng	カフェ	第5課Ⓚ
开车	kāi chē	運転する	第11課Ⓩ
开始	kāishǐ	始める	Ⓟ，第12課Ⓩ
看	kàn	見る	第2課Ⓚ
看病	kàn bìng	病気を診てもらう	第9課Ⓚ
渴	kě	喉が渇く	Ⓟ
可爱	kě'ài	可愛い	第11課Ⓚ
可口可乐	kěkǒu kělè	コカコーラ	第6課Ⓢ

可以	kěyǐ	～できる	第11課Ⓧ
～刻	kè	(時間の単位)15分	第7課Ⓧ
课本	kèběn	教科書	第4課Ⓧ
裤子	kùzi	ズボン	第8課Ⓧ
～块	kuài	(中国の通貨単位)元	第8課Ⓧ
快	kuài	(速度が)速い	第9課Ⓧ
～块钱	kuàiqián	(中国の通貨単位)～元	第8課Ⓑ
矿泉水	kuàngquánshuǐ		
		ミネラルウォーター	第6課Ⓧ
困	kùn	眠い	Ⓟ,第10課Ⓧ

L

拉面	lāmiàn	ラーメン	第6課Ⓧ
辣	là	辛い	Ⓟ
辣酱	làjiàng	コチュジャン	第12課Ⓑ
来	lái	来る	Ⓟ
来	lái	(料理を注文する時に使う)	
		よこす、来させる	第8課Ⓑ
来到	láidào	到着する	第6課Ⓑ
老	lǎo	(1字姓の前につけて)	
		～さん	第2課㊂
姥姥	lǎolao	(母方)祖母	第1課Ⓧ
老师	lǎoshī	先生	第1課Ⓧ
老师好	lǎoshī hǎo	先生こんにちは	Ⓟ
姥爷	lǎoye	(母方)祖父	第1課Ⓧ
了	le	(動作の完了・実現を表す)	
		～した	第7課Ⓧ
了	le	(状況の変化や新しい状況の発生	
		を表す)～になる、～になった	
			第7課Ⓧ
冷	lěng	寒い	Ⓟ,第7課Ⓧ
离	lí	～から、～まで	第11課Ⓧ
里	lǐ	中	第5課Ⓧ
礼拜	lǐbài	～曜日	第3課Ⓧ
里边	lǐbian	中	第5課Ⓧ
里面	lǐmian	中	第5課Ⓧ
礼物	lǐwù	プレゼント、贈り物	第12課Ⓑ
历史	lìshǐ	歴史	第3課Ⓑ
～里	li	～の中	第5課Ⓧ
连衣裙	liányīqún	ワンピース	第8課Ⓧ
练习	liànxí	練習する	第6課Ⓧ

两	liǎng	(重量単位を表す)50グラム	
			第6課Ⓑ
两	liǎng	(数量を数える)2つ	第6課Ⓧ
辆	liàng	(車を数える)～台	第6課Ⓧ
聊	liáo	おしゃべりをす	第12課Ⓑ
聊天	liáotiān	おしゃべりをする	第12課Ⓑ
邻国	línguó	隣国	第3課㊢
零	líng	ゼロ	第4課Ⓧ
流感	liúgǎn	インフルエンザ	第9課Ⓧ
留学	liúxué	留学する	第6課Ⓧ
留学生	liúxuéshēng	留学生	第1課Ⓧ
六	liù	6	Ⓟ,第4課Ⓧ
路线	lùxiàn	路線	第10課Ⓑ

M

妈妈	māma	母	Ⓟ,第1課Ⓧ
麻婆豆腐	mápó dòufu	マーボー豆腐	第6課Ⓧ
马	mǎ	馬	Ⓟ
骂	mà	ののしる	Ⓟ
吗	ma	(疑問を表す)～か	第1課Ⓧ
买	mǎi	買う	第9課Ⓑ
买车	mǎi chē	車を買う	第10課㊂
买东西	mǎi dōngxi	買い物をする	第8課Ⓧ
买房	mǎi fáng	家を買う	第10課㊂
慢	màn	遅い	Ⓟ
忙	máng	忙しい	Ⓟ
芒果	mángguǒ	マンゴー	第2課Ⓧ
～毛	máo	(中国の通貨単位)角	第8課Ⓧ
毛衣	máoyī	セーター	第11課Ⓧ
帽子	màozi	帽子	第8課Ⓧ
没关系	méi guānxi	かまいません	Ⓟ
没问题	méi wèntí	大丈夫だ、問題ない	第7課Ⓧ
没有	méiyǒu	ない、持っていない	第4課Ⓧ
美国	Měiguó	アメリカ	Ⓟ
美国人	Měiguórén	アメリカ人	Ⓟ,第1課Ⓧ
美食	měishí	おいしい食べ物	第9課Ⓑ
每天	měitiān	毎日	第3課Ⓑ
妹妹	mèimei	妹	第1課Ⓧ
门	mén	扉、ドア	Ⓟ
米	mǐ	メートル	第11課Ⓧ
米饭	mǐfàn	ご飯	第6課Ⓧ

面	miàn	（方位詞の後ろに用い場所・位置を表す）	第5課(文)
面包	miànbāo	パン	第6課(ス)
面条	miàntiáo	麺、うどん	第6課(ス)
明天	míngtiān	あした	第11課(文)
摩托车	mótuōchē	オートバイ	第10課(ス)

N

哪	nǎ	どれ	第2課(文)
哪个	nǎge/něige	どれ	第2課(文)
那	nà	あれ／それ	第2課(文)
那	nà	それでは	第4課(本)
那个	nàge/nèige	あれ／それ	第2課(文)
哪里	nǎli	どこ	第2課(文)
哪儿	nǎr	どこ	第2課(文)
那里	nàli	あそこ／そこ	第2課(文)
奈良	Nàiliáng	奈良	第5課(ス)
那儿	nàr	あそこ／そこ	第2課(文)
奶奶	nǎinai	（父方）祖母	第1課(ス)
难	nán	難しい	第4課(本)
呢	ne	（疑問を表す）～は？	第1課(文)
内	nèi	～内	第11課(本)
内容	nèiróng	内容	第4課(本)
能	néng	～できる	第11課(文)
你	nǐ	あなた	第1課(文)
你好	nǐ hǎo	こんにちは	(発)
你们	nǐmen	あなたたち	第1課(文)
～年	nián	～年	第3課(文)
年轻人	niánqīngrén	若者	第3課(練)
鸟巢	Niǎocháo	（国家体育場の愛称）鳥の巣	第10課(本)
您	nín	（敬称）あなた	第1課(文)
牛奶	niúnǎi	牛乳	第6課(ス)
努力	nǔlì	一生懸命に	第4課(練)
女士	nǚshì	（女性に対する敬称）～さん	第2課(コ)

P

爬	pá	登る	(発)
拍	pāi	（写真を）撮る	第11課(本)
旁	páng	そば	第5課(文)
旁边	pángbian	そば	第5課(文)
跑	pǎo	走る	第9課(文)
泡菜	pàocài	キムチ	第6課(本)
朋友	péngyou	友達	(発), 第3課(本)
啤酒	píjiǔ	ビール	第6課(ス)
便宜	piányi	安い	第6課(本)
票	piào	チケット	(発), 第7課(本)
漂亮	piàoliang	きれいだ	(発), 第9課(本)
瓶	píng	瓶	(発)
苹果	píngguǒ	リンゴ	(発), 第2課(本)
苹果手机	Píngguǒ shǒujī	iPhone	第7課(練)
葡萄	pútao	ぶどう	第2課(ス)

Q

七	qī	7	(発), 第4課(文)
骑	qí	（自転車・バイク・馬などにまたがって）乗る	(発), 第11課(本)
旗袍	qípáo	チャイナドレス	第5課(コ)
起	qǐ	起きる	第9課(文)
汽车	qìchē	車	第6課(文)
铅笔	qiānbǐ	鉛筆	第4課(ス)
钱	qián	お金	第5課(文)
前	qián	前	第5課(文)
钱包	qiánbāo	財布	第5課(文)
前边	qiánbian	前	第5課(文)
前面	qiánmian	前	第5課(文)
墙	qiáng	壁	(発)
茄子	qiézi	ナス	第2課(ス)
青椒肉丝	qīngjiāo ròusī	チンジャオロース	第6課(ス)
晴天	qíngtiān	晴れ	第12課(ス)
请	qǐng	どうぞ～してください	(発), 第6課(本)
请多多关照	qǐng duōduō guānzhào	どうぞよろしくお願いします	(発)
去	qù	行く	(発), 第4課(本)
去旅游	qù lǚyóu	旅行に行く	第3課(ス)
裙子	qúnzi	スカート	第6課(文)

R

让	ràng	人に～させる	第12課(文)

绕口令	ràokǒulìng	早口言葉	発
热	rè	暑い	発
热闹	rènao	賑やかである	第12課縋
认识你很高兴	rènshi nǐ hěn gāoxìng	お会いできて嬉しいです	発
人	rén	人	第4課文
人气	rénqì	人気	第5課文
日本	Rìběn	日本	発
日本菜	Rìběncài	日本料理	発
日本人	Rìběnrén	日本人	発, 第1課文
日语	Rìyǔ	日本語	第10課文

S

三	sān	3	発, 第4課文
三年级	sān niánjí	3年生	第3課本
伞	sǎn	傘	第6課文
嗓子疼	sǎngzi téng	喉が痛い	第9課〓
扫码	sǎomǎ	QRコードをスキャンする	第6課本
商店	shāngdiàn	商店、店	第6課文
上	shàng	上	第5課文
上边	shàngbian	上、上の方	第5課文
上海	Shànghǎi	上海	第5課文
上课	shàngkè	授業を受ける、授業が始まる	発, 第4課本
上面	shàngmian	上、上の方	第5課文
上午	shàngwǔ	午前	第7課〓
上学	shàngxué	学校へ行く	第11課縋
上衣	shàngyī	上着	第8課〓
谁	shéi/ shuí	誰	第1課文
深圳	Shēnzhèn	深セン	第5課〓
什么	shénme	なに、どんな	第2課文
什么时候	shénmeshíhou	いつ	第7課本
生活	shēnghuó	生活	第6課縋
生日	shēngrì	誕生日	第4課文
生娃	shēng wá	子どもを産む	第10課〓
生鱼片	shēngyúpiàn	刺身	第6課〓
识	shí	知る、覚える	第2課本
十	shí	10	発, 第4課文
时	shí	～の時	第12課本

十二	shí'èr	12	発
石锅拌饭	shíguō bànfàn	ビビンバ	第6課本
十四	shísì	14	発
食堂	shítáng	食堂	発, 第5課本
是	shì	(…は) ～である	第1課文
事	shì	用事	第4課本
世界地图	shìjiè dìtú	世界地図	第2課本
室友	shìyǒu	ルームメイト	第1課本
手机	shǒujī	携帯電話	発, 第7課文
手机号码	shǒujī hàomǎ	携帯電話の番号	第4課本
手套	shǒutào	手袋	発
寿司	shòusī	寿司	第6課〓
书	shū	本	第2課文
叔叔	shūshu	(年配の男性に対する呼びかけの言葉) おじさん	第2課〓
熟悉	shúxi	よく知っている	第5課本
属猪	shǔ zhū	イノシシ年	第10課〓
双	shuāng	(対になっているものを数える) ～対の	第6課文
水	shuǐ	水	発
水饺	shuǐjiǎo	水餃子	発, 第6課文
水立方	Shuǐlìfāng	(国家水泳センターの愛称) ウォーターキューブ	第10課本
顺便	shùnbiàn	ついでに	第9課本
说	shuō	話す	発, 第3課文
四	sì	4	発, 第4課文
四川	Sìchuān	四川	発
四通八达	sìtōng bādá	交通網が四方八方に通じていること	第10課縋
岁	suì	年、年齢	第6課文
所有	suǒyǒu	あらゆる	第9課本

T

他	tā	彼	第1課文
她	tā	彼女	第1課文
它	tā	それ (人以外)	第1課文
他们	tāmen	彼ら	第1課文
她们	tāmen	彼女ら	第1課文
它们	tāmen	それら (人以外)	第1課文

中国語	ピンイン	意味	課
台	tái	(機械を数える)～台	第6課（文）
台湾	Táiwān	台湾	第7課（文）
太～了	tài～le	非常に～である	第11課（本）
弹钢琴	tán gāngqín	ピアノを弾く	第3課（会）
弹吉他	tán jítā	ギターを弾く	第3課（会）
躺平	tǎngpíng	横たわる	第10課（三）
桃子	táozi	桃	第2課（会）
套餐	tàocān	定食、セットメニュー	第6課（本）
踢	tī	(足で)蹴る	第3課（会）
天	tiān	(日数を数える)日	第7課（本）
天	tiān	気候、天気	第7課（文）
天津	Tiānjīn	天津	第5課（会）
条	tiáo	(細長いものを数える)～本、～枚	第6課（文）
贴	tiē	貼る	（発）
听	tīng	聞く	第3課（本）
听说	tīngshuō	聞くところによると～だそうだ	第9課（文）
同学	tóngxué	同級生、クラスメート	第5課（本）
同学们好	tóngxuémen hǎo	(学生の皆さん)こんにちは	（発）
同意	tóngyì	賛成する	第9課（本）
头痛	tóuténg	頭が痛い	第9課（文）
图	tú	絵	第2課（本）
图书馆	túshūguǎn	図書館	第5課（本）
土豆	tǔdòu	ジャガイモ	第2課（会）
T恤衫	Txùshān	Tシャツ	第8課（会）

W

中国語	ピンイン	意味	課
哇	wā	(驚きを表す)わあ	第6課（本）
袜子	wàzi	靴下	第6課（文）
外	wài	外	第5課（文）
外边	wàibian	外	第5課（文）
外面	wàimian	外	第5課（文）
玩儿	wánr	遊ぶ	（発），第12課（本）
玩儿游戏	wánr yóuxì	ゲームで遊ぶ	第3課（会）
晚上	wǎnshang	夜	（発），第7課（本）
王洋	Wáng Yáng	(人名)王洋	第3課（本）
网约	wǎngyuē	予約する	第7課（本）
忘	wàng	忘れる	第10課（本）
微博	Wēibó	(中国のSNS)ウェイボー	第10課（三）
微信	Wēixìn	(中国の大手IT企業テンセントが開発したメッセンジャーアプリ)WeChat	第8課（本）
围巾	wéijīn	スカーフ	第8課（会）
位	wèi	(敬意を持って人を数える)～名	第3課（会）
喂	wèi	もしもし	第4課（本）
为	wèi	～のために	第12課（本）
味儿	wèir	味、におい	（発）
问	wèn	尋ねる	第6課（会）
问题	wèntí	質問、問題	第4課（本）
我	wǒ	私	（発），第1課（文）
我们	wǒmen	私たち	第1課（文）
五	wǔ	5	（発），第4課（文）

X

中国語	ピンイン	意味	課
西安	Xǐ'ān	西安	（発）
西边	xībiān	西側	第11課（補）
西瓜	xīguā	スイカ	第2課（会）
西红柿	xīhóngshì	トマト	第2課（会）
西式	xīshì	洋式の、洋風の	第5課（本）
喜欢	xǐhuan	好きである	第3課（会）
细心	xìxīn	細かいところまで気がつく	第10課（本）
下	xià	下	第5課（文）
下边	xiàbian	下	第5課（文）
下面	xiàmian	下	第5課（文）
下午	xiàwǔ	午後	第4課（本）
下雪	xià xuě	雪が降る	第12課（会）
下雨	xià yǔ	雨が降る	第12課（会）
先	xiān	まず	第4課（本）
先生	xiānsheng	(男性に対する敬称)～さん	第2課（三）
先～再…	xiān～zài…	まず～して、それから…する	第10課（本）
现金	xiànjīn	現金	第8課（本）
现在	xiànzài	今、現在	（発），第7課（文）
香港	Xiānggǎng	香港	第5課（会）
香蕉	xiāngjiāo	バナナ	第2課（会）
想	xiǎng	(願望を表す)～したい	第6課（文）

想要	xiǎngyào	～がほしい	第8課(本)
橡皮	xiàngpí	消しゴム	第4課(ス)
消费	xiāofèi	消費する	第10課(ヨ)
小	xiǎo	(1字姓の前につけて)～くん、～さん	第2課(文)
小	xiǎo	(年齢が)若い	第6課(文)
小吃	xiǎochī	おやつ、軽食	第9課(本)
小哥	xiǎogē	(若い男性に対する呼びかけの言葉)お兄さん	第2課(ヨ)
小姑娘	xiǎogūniang	(若い女性に対する呼びかけの言葉)お姉さん	第2課(ヨ)
小孩儿	xiǎoháir	子ども	(発)
小伙子	xiǎohuǒzi	(若い男性に対する呼びかけの言葉)お兄さん、(男性の)若者	第2課(ヨ)
小姐	xiǎjiě	(若い女性に対する敬称)～さん	第2課(ヨ)
小笼包	xiǎolóngbāo	ショーロンポー	第8課(本)
小妹	xiǎomèi	(若い女性に対する呼びかけの言葉)お姉さん	第2課(ヨ)
～小时	xiǎoshí	～時間	第7課(文)
小心意	xiǎo xīnyì	(贈り物をする時に謙遜して言う)ほんの気持ち	第12課(本)
校园	xiàoyuán	キャンパス	第2課(本)
校园卡	xiàoyuánkǎ	IC学生証	第6課(本)
校园一卡通	xiàoyuányìkǎtōng	IC学生証	第12課(ヨ)
些	xiē	いくつか	第9課(本)
鞋子	xiézi	靴	第8課(ス)
写	xiě	書く	第7課(文)
谢谢	xièxie	ありがとう	(発)
新干线	xīngànxiàn	新幹線	第10課(ス)
新鲜	xīnxiān	新鮮である	第10課(文)
信	xìn	手紙	第7課(文)
信封儿	xìnfēngr	封筒	(発)
星期～	xīngqī	～曜日	第3課(文)
～星期	xīngqī	(週を数える)～週間	第10課(文)
星期二	xīngqī'èr	火曜日	第3課(文)
星期六	xīngqīliù	土曜日	第3課(文)
星期三	xīngqīsān	水曜日	第3課(文)
星期四	xīngqīsì	木曜日	第3課(文)
星期天	xīngqītiān	日曜日	第3課(文)
星期日	xīngqīrì	日曜日	第3課(文)
星期五	xīngqīwǔ	金曜日	第3課(文)
星期一	xīngqīyī	月曜日	第3課(文)
姓	xìng	名字は～という	第1課(文)
幸福	xìngfú	幸せである	第12課(本)
兴趣	xìngqù	興味	第3課(本)
熊猫	xióngmāo	パンダ	(発), 第11課(文)
休息	xiūxi	休む	第3課(文)
学	xué	勉強する	第4課(文)
学会	xuéhuì	学んで身につける	第12課(本)
学生	xuésheng	学生	第1課(本)
学校	xuéxiào	学校	(発), 第4課(本)
学习	xuéxí	勉強する	第8課(文)

Y

呀	ya	(文末に置いて肯定の語気を表す)	第9課(本)
要	yào	～がほしい	第6課(本)
要	yào	(願望を表す)～したい	第6課(文)
要	yào	(義務を表す)～しなければならない	第9課(文)
爷爷	yéye	(父方)祖父	第1課(ス)
也	yě	～も	第1課(本)
页	yè	(書物のページ数を数える)ページ	(発)
一	yī/yāo	1	(発), 第4課(文)
衣服	yīfu	服	第6課(文)
一边～一边…	yìbiān～yìbiān…	～しながら…する	第12課(文)
一遍	yí biàn	(動作の初めから終わりまでの全過程としての)1回	(発)
一次	yí cì	1回	(発)
一点	yìdiǎn	少し	第12課(本)
一号线	yī hàoxiàn	1号線	第10課(本)
一回	yì huí	1度	(発)
一会儿	yíhuìr	しばらく	(発)
一年	yì nián	1年	(発)
一起	yìqǐ	一緒に	(発), 第2課(本)
一天	yì tiān	1日	(発)

一日游	yírìyóu	1日観光	第9課㊄
医生	yīshēng	医者	第9課㊅
医院	yīyuàn	病院	第9課㊅
已经	yǐjing	すでに、もう	第9課㊅
意大利菜	Yìdàlìcài	イタリア料理	㊉
音乐	yīnyuè	音楽	㊉, 第3課㊅
阴天	yīntiān	曇り	第12課㊅
英国	Yīngguó	イギリス	㊉, 第3課㊅
英国人	Yīngguórén	イギリス人	㊉, 第1課㊅
应有尽有	yīng yǒu jìn yǒu	必要なものは何でもある	第9課㊄
英语	Yīngyǔ	英語	㊉, 第8課㊅
用	yòng	使う	第6課㊄
悠久	yōujiǔ	(歴史・文化などが)悠久である	第9課㊄
游	yóu	泳ぐ	第11課㊅
游泳	yóuyǒng	泳ぐ	第11課㊅
游泳池	yóuyǒngchí	プール	第5課㊄
有	yǒu	(所有を表す)ある	第4課㊅
有	yǒu	(存在を表す)ある	第5課㊅
有点儿	yǒudiǎnr	少し	㊉
友好	yǒuhǎo	友好的である	㊉
有空儿	yǒukòngr	時間がある、暇がある	㊉
有名	yǒumíng	有名である	第7課㊄
右	yòu	右	第5課㊅
右边	yòubian	右	第5課㊅
右面	yòumian	右	第5課㊅
又～又…	yòu～yòu…	～でもあり…でもある	第10課㊅
羽绒服	yǔróngfú	ダウンジャケット	第8課㊅
雨伞	yǔsǎn	傘	㊉
～元	yuán	(中国の通貨単位　書き言葉)元	第8課㊅
圆珠笔	yuánzhūbǐ	ボールペン	第4課㊅
远	yuǎn	遠い	㊉, 第4課㊅
月	yuè	月　～月	㊉, 第3課㊅
运动场	yùndòngchǎng	運動場	第5課㊑

| **Z** | | | |

| 杂技 | zájì | 雑技 | 第7課㊄ |
| 杂技团 | zájìtuán | 雑技団 | 第7課㊄ |

再	zài	また　再び	㊉
在	zài	(存在を表す)ある、いる	第4課㊅
在	zài	(動作が行われる場所を表す)～で	第4課㊅
再见	zàijiàn	さようなら	㊉
咱们	zánmen	(聞き手も含む)私たち	第1課㊅
早	zǎo	(時間が)早い	第9課㊅
早饭	zǎofàn	朝食	第12課㊅
早上	zǎoshang	朝	第7課㊅
怎么样	zěnmeyàng	どうですか	第7課㊄
张	zhāng	(平面が目立つものを～枚数える)	第6課㊅
招待	zhāodài	もてなす	第12課㊄
照片	zhàopiàn	写真	第11課㊄
这	zhè	これ/それ	第2課㊅
这个	zhège/zhèige	これ/それ	第2課㊅
这里	zhèli	ここ/そこ	第2課㊅
这儿	zhèr	ここ/そこ	第2課㊅
着	zhe	(動作の持続を表す)～している	第11課㊅
真	zhēn	本当に	第6課㊄
正在～呢	zhèngzài～ne	(動作の進行を表す)～している	第11課㊅
知道	zhīdào	知る、知っている	第8課㊅
支付	zhīfù	支払う	第8課㊅
纸	zhǐ	紙	第6課㊄
只	zhǐ	ただ～だけ	第12課㊅
中餐	zhōngcān	中国料理	第6課㊅
中国	Zhōngguó	中国	㊉, 第2課㊅
中国菜	Zhōngguócài	中国料理	㊉
中国人	Zhōngguórén	中国人	㊉, 第1課㊅
中式	zhōngshì	中国式の、中国風の	第5課㊄
中文	Zhōngwén	中国語	第4課㊄
中午	zhōngwǔ	昼	第7課㊅
周末	zhōumò	週末	第7課㊅
周围	zhōuwéi	周辺	第10課㊑
竹子	zhúzi	竹	第11課㊅
专业	zhuānyè	専攻	第3課㊄
追剧	zhuījù	連続ドラマ等を追いかけるように鑑賞する	第3課㊄

准备	zhǔnbèi	準備する	第12課㊡
准备好	zhǔnbèihǎo	しっかり準備する	第10課㊡
桌子	zhuōzi	机	㊥,第8課㊡
紫菜	zǐcài	海苔	第12課㊡
自己	zìjǐ	自分	第3課㊡
自我介绍	zìwǒ jièshào	自己紹介	第1課㊡
自行车	zìxíngchē	自転車	第11課㊡
走	zǒu	歩く	第3課㊣
足球	zúqiú	サッカー	第3課㊣
最好	zuìhǎo	〜するのが最もよい	第6課㊣
昨天	zuótiān	昨日	第9課㊣
左	zuǒ	左	第5課㊣
左边	zuǒbian	左	第5課㊣
左面	zuǒmian	左	第5課㊣
坐	zuò	座る 乗る	㊥,第10課㊡
做	zuò	する	第2課㊡
作客	zuòkè	訪問する	第12課㊡
作业	zuòyè	宿題	第2課㊡

李　青

大谷大学教授

清水由香里

大谷大学非常勤講師

髙井　龍

大谷大学非常勤講師

同学社

© 身につく話せる中国語 —京子とスニの留学生活—

2023年2月1日　初版発行　　　　　定価 本体 2,300円（税別）

李　青
編著者　　清水由香里
髙井　龍
発行者　　近 藤 孝 夫
印刷所　　株式会社　坂田一真堂
発行所　　株式会社 同 学 社
〒112-0005 東京都文京区水道 1-10-7
電話 03-3816-7011　　振替 00150-7-166920

製本：井上製本所　組版：XYLO
ISBN978-4-8102-0792-7
Printed in Japan